KB121745

자아발견과 비전탐색

집필진 소개

손동현
서울대학교, 독일 구텐베르크대학교 철학, 신학, 교육학 전공 철학박사
성균관대학교 철학과 명예교수, 우송대학교 석좌교수
『세계와 정신』, 『대학교양교육론』, 『미완의 화해』 등 저술

박희현
숙명여자대학교 대학원 아동심리 전공 문학박사
동신대학교 상담심리학과 교수
『대학 인성교육의 실제』, 『인간관계론』, 『리더십 계발』 등 저술

자아발견과 비전탐색
Self-Discovery and Vision Exploration

2022년 2월 20일 초판 인쇄
2022년 2월 25일 초판 발행

지은이 | 우송교양교육연구소
교정교열 | 정난진
펴낸이 | 이찬규
펴낸곳 | 북코리아
등록번호 | 제03-01240호
주소 | 13209 경기도 성남시 중원구 사기막골로 45번길 14
우림2차 A동 1007호
전화 | 02-704-7840
팩스 | 02-704-7848
이메일 | ibookorea@naver.com
홈페이지 | www.북코리아.kr
ISBN | 978-89-6324-839-4 (03190)

값 16,000원

우송교양교육연구소 지음

자아 발견과 비전 탐색

Self-Discovery and Vision Exploration

북코리아

머리말

“대학 생활 4년을 어떻게 보내느냐에 따라 그 사람의 전 생애가 어떻게 전개될지 결정된다.” 그럴까? 아니면, “대학 생활 4년을 어떻게 보내든 그건 그 사람이 어떤 생애를 살게 될지와는 아무 상관이 없다.” 과연 어느 쪽이 맞는 말일까? 답은 명백하다. 깊이 생각해볼 일도 아니다.

그런데 실제 우리네 대학 생활을 살펴보자. 입학하고 나면 먼저 해방감을 맛본다. 틀에 박힌 ‘학교 공부’에서 벗어나 ‘자유’를 만끽한다는 거다. 강요식 중 · 고교 교육에서 벗어나 ‘내 뜻대로’ 살아보자는 걸 탓할 일이 아니다. 오히려 그 자율성과 자발성을 칭찬할 일이다. 그러나 “우선 내 맘대로 하겠다”라며 ‘재미있게 노는’ 일에만 마음을 쓴다면, 이는 위험천만한 일이다. 그렇게 되기 쉬운 1학년 때가 문제다. 대학 생활 4년을 잘 보내려면, 1학년 때 1년, 아니 입학 후 첫 학기를 잘 보내야 한다.

그러고 보니 입학 후 첫 학기가 4년 대학 생활을, 4년 대학 생활이 일생을 좌우한다고 말해도 크게 틀리지 않은 것 같다. “첫 단추를 잘 끼워야 한다”라는 말이 있다. 첫 단추를 잘못 끼우고 나면 그다음부턴 아무리 잘하려 해도 일이 꼬이기만 한다는 것이다. 틀린 말이 아니다. “시작이 반”이라는 말은 그래서 진리다.

미국대학연합(AAC&U)의 큰 우산 아래 매년 남캐롤라이나대학교(Univ. of S. Carolina)의 국가인재센터(National Resource Center)에서 주관하여 개최하는 ‘FYE(First Year Experience)’라는 콘퍼런스가 있다. 수많은 대학이 참석해 다양한 문제에 대해 토론하고 정보도 교환한다. 올해로 41회째가 되지만, 중심 문제는 언제나 1학년의 대학 생활 지도다. 우리나라에서도 거의 모든 대학이 ‘신입생 오리엔테이션’ 프로그램을 운영하고 있다. 이 책 『자아발견과 비전탐색』도 그런 프로그램의 하나다.

대학의 고등교육은 고등학교까지의 중등교육과 그 성격이 본질적으로 다르다. 대학 1학년은 고교 4학년이 아니다. 학생들은 이 점을 분명히 알아야 한다. 대학교육은 정말이지 억지로 시켜서 되는 게 아니다. 학생 스스로 자발적으로 하고 싶어서 하는 공부라야 성공할 수 있는 교육이다. 그러니까 학습량을 늘려 많은 지식을 쌓아 올리는 데 힘을 쏟기 전에 어떤 내용의 공부를 하고 싶은지, 그 공부를 해서 내가 성취하고 싶은 게 무엇인지를 먼저 생각해야 한다. 그 공부가 내가 궁금해서 알고 싶은 것을 일러주는 공부여야 하고, 그런 뜻에서 '내가 하고 싶은' 공부여야 한다.

그런 의미에서 이 과목은 공부하는 과목이 아니라 공부하려는 동기를 찾고 공부의 방향을 찾아주는 과목이다. 우리는 오늘날 변혁의 시대를 살고 있다. 디지털 기술의 획기적 발달이 인공지능(AI), 빅데이터, 사물인터넷(IoT), 5G, 핀테크(FinTech) 등 전대미문의 신기술을 낳고 있으며, 기술 간에는 그 경계가 허물어져 기술융합이 보편화되고 있다. BT, NT, IT, CT가 서로 융합되어 마침내 GNR 융합기술이 실현되고, 메타버스(MetaVerse)도 등장하고 있다. 기술의 융합은 산업계를 구조적으로 변화시키고 있고, 이에 따라 직업 세계와 직업능력에도 격심한 변화가 일어나고 있다. 이런 상황에서 대학교육을 받기 시작하는 우리는 그 어느 때보다 학업을 중심으로 하는 대학 생활에 대해 또렷한 인식을 갖고 자율적 태도를 확립해야 한다. 이 새로운 도약의 시기에 '첫 단추'를 잘 끼우는 일은 두고두고 내 삶에 의미 있는 일이 될 것이기 때문이다.

이 교과목을 구상하고 개설을 주도하신 손동현 학장님과 값진 교과 내용을 구성해 주신 동신대학교 박희현 교수님께 깊이 감사드리며, 신입생 모두에게 이 교과목이 앞으로의 대학생활에, 아니 장래의 생애에 뜻깊은 디딤돌이 되기를 기대한다.

2022년 1월 10일

우송 교양교육연구소장 송해룡

CONTENTS

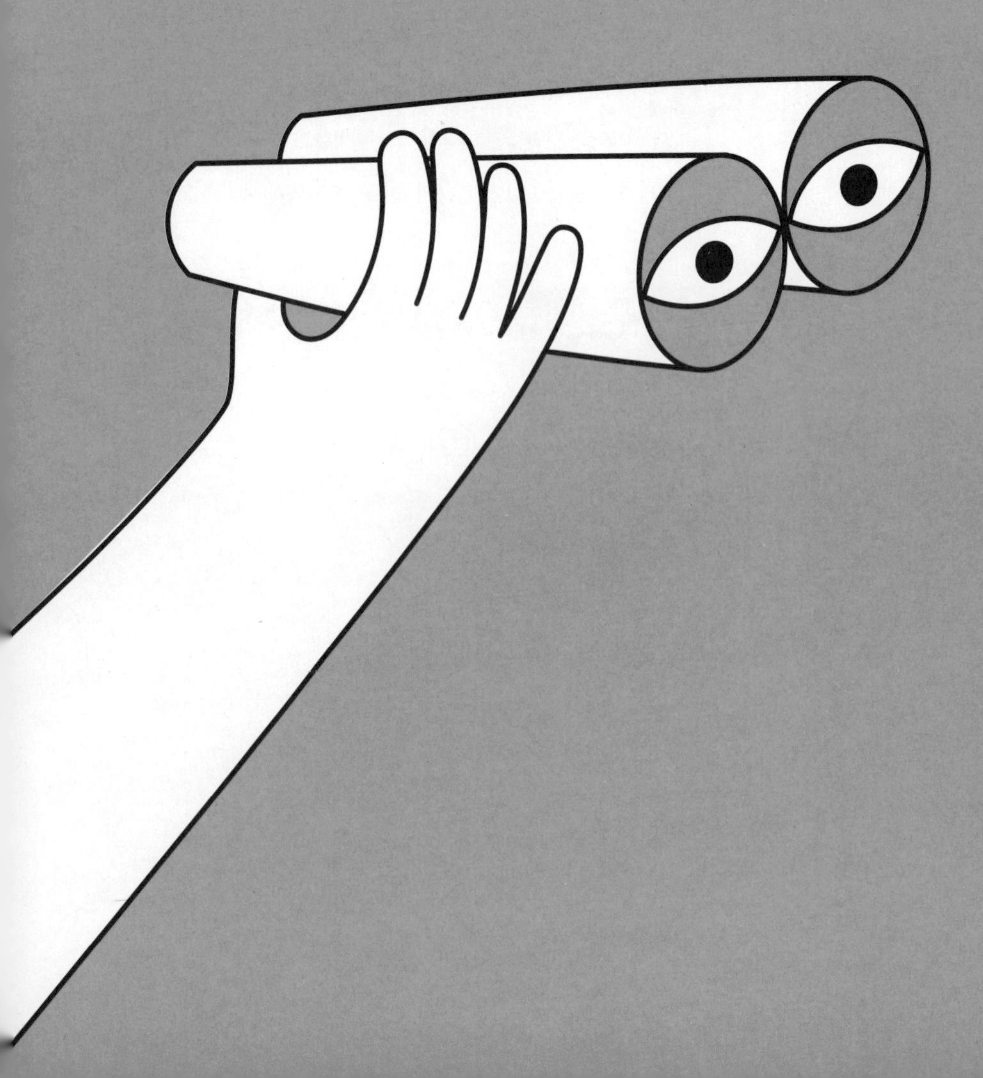

I

자기이해 및 자아발견

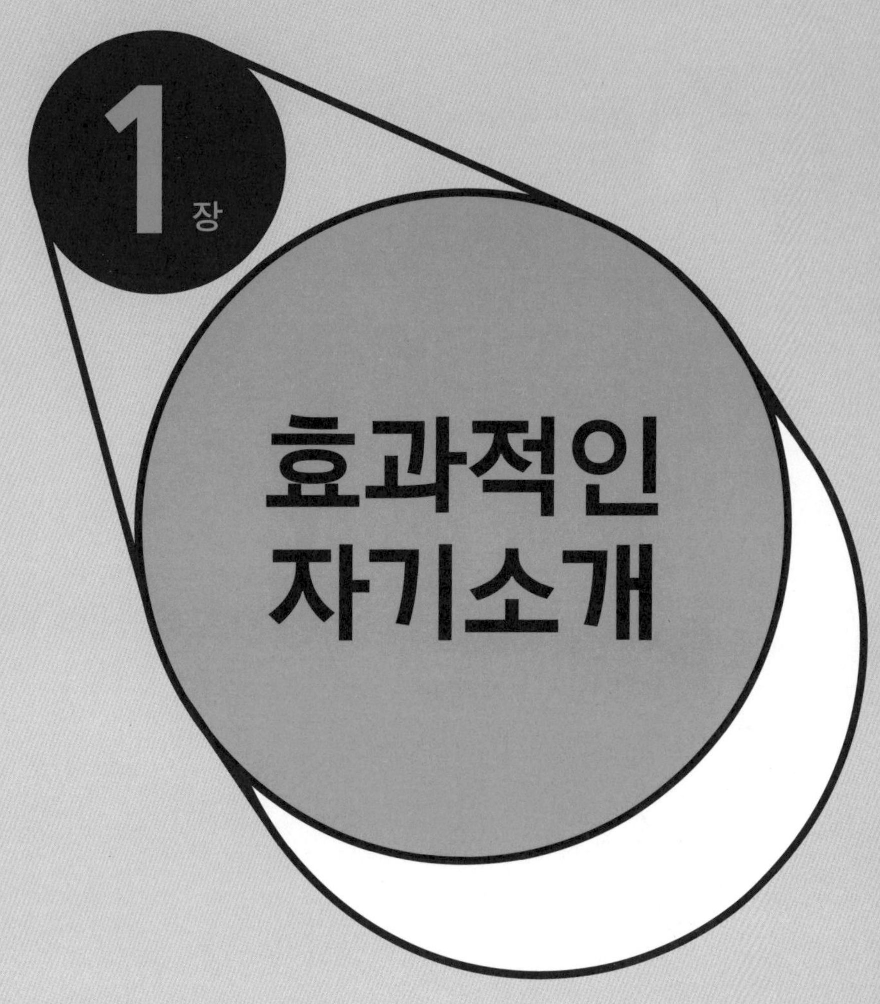

1장 효과적인 자기소개

학습목표

교과의 목적과 운영 방향에 대해 명확히 이해하고, 자신을 효과적으로 소개할 수 있다.

꽃

김춘수

내가 그의 이름을 불러주기 전에는
그는 다만
하나의 몸짓에 지나지 않았다.

내가 그의 이름을 불러주었을 때
그는 나에게로 와서
꽃이 되었다.

내가 그의 이름을 불러준 것처럼
나의 이 빛깔과 향기에 알맞은
누가 나의 이름을 불러다오.
그에게로 가서 나도
그의 꽃이 되고 싶다.

우리들은 모두
무엇이 되고 싶다.
나는 너에게 너는 나에게
잊혀지지 않는 하나의 의미가 되고 싶다.

1. 인사의 의미와 중요성

첫 만남에서 무엇인가 말을 건네는 것은 중요하다. 상대의 마음을 여는 작업이 선행되어야 인간관계가 이뤄진다는 것이다. 상대의 마음을 여는 작업이 인사다. 사실 인간관계는 인사로 시작해서 인사로 끝난다.

'인사'에는 '마음의 문을 열다'라는 것과 '접근하다'라는 뜻도 포함되어 있다. 자신이 마음의 문을 열고 상대방에게 가까이 간다는 것이다. 이렇게 인사란 서로의 마음을 흐뭇하게 만들고, 반드시 그 이상의 대가를 안겨준다. 인사는 상대방에게 자신에 대한 우호성과 신뢰를 높여준다. 언제, 어디서, 어떤 사람을 만나게 될지 아무도 모른다. 인사성이 밝은 사람은 그 인사말 때문에 주위 사람들의 축복을 받는다. 누구나 좋은 인간관계를 갖고 싶어 한다. 그러기 위한 가장 좋은 비결은 많은 사람과 인사를 나누는 일이다. 또한 내가 먼저 적극적으로 인사를 하는 것이다.

많은 사람에게 존경의 대상이던 어느 대학교수의 정년퇴임식장에서 노교수의 제자들뿐 아니라 사회 각층의 유명 인사들이 찾아와 축하와 경의를 표하는 것을 보고 한 학생이 노교수에게 물었다.

"교수님의 성공적인 삶의 비결은 무엇입니까?"

"그건 내가 사람을 잘 만나서지. 나를 진정으로 이해하고 도와줄 사람."

"그런 사람이 어디 있는지, 언제 만날 수 있는지 어떻게 알 수 있습니까? 또 그런 사람이 누군지도 모르지 않습니까?"

"그렇지! 그건 아무도 몰라. 그래서 나는 만나는 사람 누구에게나 항상 먼저 다가가고 친절하게 인사를 했다네."

2. 자기소개

1) 자기소개의 의미

(1) 자기소개란 2인 이상의 관계에서 이루어지는 첫 만남의 활동으로, 초기에 짧게 주어진 시간에 자신을 알리는 것이다. 특히, 요즘과 같이 이동이 잦고 소속이 많은 시대에는 처음 만나는 사람에게 또는 모임이나 면접에서 자신을 효과적으로 표현하는 능력이 최대한 발휘되어야 한다. 즉, 자기소개는 짧은 시간 동안 자기 인생을 짧고 굵고 담백하게 표현하는 커뮤니케이션 예술이라고 할 수 있다.

(2) 자기소개를 잘하는 것은 자기 삶이 얼마나 훌륭해지는가와 밀접한 관계가 있다. 자신이 귀하고 멋진 사람으로 소개되고, 사람들로부터 관심과 인정을 받게 되는 중요한 출발은 자기소개를 어떻게 하는가에 달려 있다.

(3) 자기소개는 자기 스스로 키워드 찾는 작업을 효과적으로 인도한다. 과거, 현재, 미래의 자기 존재를 자신의 언어로 표현한다는 것은 또 하나의 창의적 예술 활동이 될 것이다. 관계를 맺고 자신을 어떻게 소개하느냐에 따라 그 사람의 첫인상을 좌우하게 되므로 상황에 따른 적절한 자기소개 방법을 아는 것은 매우 중요하다.

2) 효과적인 자기소개

(1) 자기소개의 단계와 실제 요소

일반적인 자기소개의 단계와 내용은 인사말을 이용하여 관계 맺기를 시도한다. 다음 단계에서는 개인에 관한 정보를 밝히게 된다. 이러한 정보에는 그곳에 오게 된 이유, 나이, 학교, 학년, 거주지, 성격 등이 포함되는데, 모든 상황에서 그 내용이 일관될 필요는 없고, 관계의 목적, 상황 그리고 참여자에 따라 달라질 수 있다. 마지막으로 자신을 대표하는 키워드를 사용하여 자기 특성을 강조하거나 반가움과 감사 같은 인사말로 마칠 수 있다.

다음은 자기소개에서 자신을 기억시키기 위한 요소와 관계를 발전시키기 위한 요소다.

〈표 1〉 자신을 기억시키기 위한 요소

단계	설명	예
시작	시작 부분에 자신을 잘 드러내는 말이나 특성을 언급하면, 첫인상을 깊게 남길 수 있다. 신분보다 자신의 특징을 먼저 설명하는 것은 자신의 독창성을 강조하기 위함이다.	안녕하세요. 일명 '뜨거운 감자'라고도 불리고요. ○○학과 ○○○입니다. 제 둥근 얼굴처럼 마음씨도 둥글둥글한 ○○○입니다.
중간	자신의 속성을 밝힐 때 자기 생각뿐만 아니라 다른 사람들의 지각을 말함으로써 자신만의 특징을 상대방이 잘 기억하게 만든다.	저는 제가 예쁘다고 생각하는데, 이런 말을 하면 친구들은 다 도망갑니다.
종료	마지막에 자신의 특성을 반복하여 요약함으로써 자신을 강조한다.	이상 행동은 터프하지만 마음은 부드러운 핸섬보이 ○○○였습니다.

〈표 2〉 관계를 발전시키기 위한 요소

단계	설명	예
시작	반가움을 나타내는 인사 또는 서로가 공유할 수 있는 화제를 언급함으로써 공감대를 형성하여 친근감을 가지게 한다. 또한 자신에 대해 더 자세히 알리려는 부가적 발언을 하여 자신의 정보를 상대방에게 더 많이 줌으로써 관계를 발전시키고자 하는 의도를 나타낸다.	안녕하세요. 저는 ○○학과 ○○○입니다. 여러분과 만나게 되어 무척 반갑습니다.
중간	자신의 정보에 대한 상세한 설명을 생각이나 느낌, 비판, 바람, 부탁 등의 요소로 나타낸다.	대학에 와서 좋은 친구들을 많이 사귀는 것이 제 소망이었습니다.
종료	반가움, 만난 소감, 바람, 부탁, 감사 등 친교적인 발언으로, 종료 단계에서 마치는 말 대신 하기도 한다.	여러분과 만나서 반갑고, 앞으로도 좋은 친구가 되었으면 합니다.

(2) 효과적인 자기소개 방법

① 이름을 알릴 때는 인상적으로 전달하라. 자기 이름의 뜻풀이, 삼행시, 수식어 등을 사용하여 알릴 수 있다. 인상적으로 알리지 못하면 쉽게 잊힐 수 있다.

② 자기탐색을 통해 자신을 대표할만한 키워드를 찾아라. 이러한 자신만의 키워드는 사람들에게 자신을 오래도록 기억시킨다. 자신의 이름과 맞는 키워드를 찾아보고 이름이 기억될 수 있도록 연구해보는 작업이 필요하다.

예시

"2×정×2, '정'을 양쪽으로 둘씩이나 곱해서 정다운 여자 이정이입니다."
칠판에 100, 2, 0을 쓰고, "제 이름은 백이영입니다."
"저는 술을 좋아합니다. 이름은 김주호입니다. '술 주' 자, '좋을 호' 자, 그러니 어찌 술을 좋아하지 않을 수 있겠습니까?"
"진실, 의리, 우정이 함께하는 사람, 진의정이라고 합니다."

③ 자신에 대해 긍정적이고 인상적인 수식어를 사용하라. 이러한 긍정적인 수식어는 상대방에게 자신에 대한 기대감을 품게 한다. 긍정적인 기대와 호감을 갖도록 하는 표현이나 평상시 주변 사람들에게 자주 들었던 자신의 좋은 첫인상과 칭찬 등을 활용하여 수식어를 만들어본다.

예시

화창한 봄날 여러분을 만나 행복한 여자(남자)
웃는 모습이 예쁘고 친절한 여자(남자)
여러분이 그토록 만나고자 기다려온 의리의 남자(여자)
처음은 미약하나 끝은 창대하리라. 갈수록 멋진 남자(여자)

④ 자신의 장점도 단점도 솔직하고 자신 있게 말하라. 그래야 당당하고 멋있어 보인다.

⑤ 책을 읽듯 소개하는 것은 자연스럽지 못하다. 자연스럽게 소개할 수 있을 때까지 자신의 소개문을 외우고 충분히 연습하라.

3. 활동 프로그램

1) 개요

항목	내용
주제 및 제목	• 인사하기 - interview • 효과적인 자기소개 훈련 - 긍정적인 첫인상 - 나를 소개합니다
목표	• 첫 만남에서 먼저 다가가 인사할 수 있다. • 타인과의 만남에서 자신의 긍정적인 첫인상을 알아본다. • 여러 사람 앞에서 자신을 효과적으로 소개할 수 있다.
전체 소요 시간	• 총 60~120분
준비물	• 필기구, 활동지
유의사항	• interview 활동지의 각 난에는 한 사람에게 오직 한 번만 서명을 받을 수 있다. 해당 사항이 없으면 빈칸을 몇 개 더 만들어도 된다. • 긍정적인 첫인상 활동 시 공격적이고 상처를 주는 표현은 삼간다. • 소그룹 활동 시 강제적으로 발표자를 선출하지 않도록 주의한다.

2) 진행 방법

진행 단계	활동 내용	유의사항	시간	자료
도입	**인사하기-인터뷰** ① 인터뷰 활동지 각 칸의 내용은 수업에 참가한 구성원과 관련된 항목으로 구성되어 있다고 설명해준다. ② 실내를 돌아다니면서 동료 참가자 중 각 항목에 관련된 사람을 찾아서 그 동료에게 인사한 후 자신의 종이에 제시된 항목 중 적절한 난에 서명(이름)해 달라고 요청하는 것이다. 또한 상대방의 종이를 받아서 자신과	활동지의 각 난에는 한 사람에게 오직 한 번만 서명을 받을 수 있다. 해당 사항이 없으면 빈칸을 몇 개 더 만들어도 된다.	15~30분	

진행 단계	활동 내용	유의사항	시간	자료
도입	관련된 항목을 골라 서명해주면 된다. ③ 서명을 받을 수 있는 시간은 10분으로, 제한된 시간 내에 최대한 많은 사람과 인사하고 서명을 많이 받아내야 한다. ④ 인터뷰 활동이 끝난 후 서명 받은 개수를 세어보고, 인사한 구성원과 인사하지 못한 구성원에 대해 어떠한 느낌이 드는지 소감을 나눠본다.			
전개	**긍정적인 첫인상 찾기(소집단)** ① 10명 정도의 소집단을 구성한 후 둥글게 앉는다. 이름표나 포스트잇 등을 이용하여 명찰을 만든다. ② 활동지에 자신의 이름을 적고 롤링 페이퍼 형식으로 옆에 있는 동료에게 자신의 책을 넘겨준다. ③ 이름을 확인하고 그 사람의 긍정적인 첫인상을 한두 가지 적는다. ④ 자신에게 책이 돌아왔을 때 자신의 첫인상에 대해 생각해보는 시간을 가지고 간단한 소감을 나눈다. **자기 소개문 쓰기(개별)** 활동지의 해당 사항에 맞게 1분 이내로 제시될 수 있는 자기를 소개하는 효과적인 문구를 적는다. **자기 소개하기와 가장 잘한 자기소개자 선출(소집단 및 전체)** ① 소집단을 구성하여 각자 작성한 소개문을 집단에 소개하고 피드백을 교환한다. 이때 자신의 소개문에서 무엇이 부족한지 혹은 효과적인지 소감을 나눠본다. ② 소집단에서 가장 잘한 자기소개자를 선출하여 그 사람이 왜 뽑히게 되었는지를 설명하고, 전체 집단에서 소개가 이루어지도록 한다. ③ 교수의 지도하에 실제 소개 내용을 가지고 다시 한번 효과적인 소개 방법이었는지를 토론한다.	① 긍정적인 첫인상 활동 시 공격적이고 상처를 주는 표현은 삼간다. ② 자기 소개문 작성 시 '긍정적인 첫인상'의 내용을 활용할 수 있다. ③ 소그룹 활동 시 강제로 발표자를 선출하지 않도록 주의한다.	35~ 70분	필기 도구
마무리	① 만남에서 인사의 중요성을 안다. ② 자신과 타인의 첫인상에 대해 긍정적으로 인식하도록 한다. ③ 효과적인 자기소개 방법을 습득하고 훈련하여 미래 준비에 대해 나눈다.		5~ 10분	

3) 활동지

(1) interview 활동지

각 칸은 여러분과 관련된 항목입니다. 실내를 돌아다니면서 각 항목에 관련된 사람을 찾아서 그 친구에게 인사하고, 자신의 종이에 제시된 항목 중 적절한 칸에 서명해 달라고 요청하십시오. 또한 상대방의 종이를 받아서 자신과 관련된 항목을 골라 서명해 주시면 됩니다.

주의 사항 각 칸에는 한 사람에게 오직 한 번만 서명을 받을 수 있다. 아래 제시된 항목에 해당 사항이 없으면 빈칸을 몇 개 더 만들어도 된다.

항목	1. 이성 친구나 애인이 없는 사람	2. 집안의 형제 중 첫째인 사람	3. 산을 좋아하는 사람	4. 인상은 차가워 보이지만 가슴이 따뜻한 사람
이름				
항목	5. 최신 유행가를 2곡 이상 부를 수 있는 사람	6. 수업 시간에 흥미를 느끼지 못하는 사람	7. 춤추기를 즐기는 사람	8. 자신의 치아 중 1개 이상이 자신의 치아가 아닌 사람
이름				
항목	9. 현재 자신의 가족에게 불만이 있는 사람	10. 야한 영화를 특히 좋아하는 사람	11. 자신과 성(姓)이 같은 사람	12. 10년 이상 사귀어온 동성 친구가 있는 사람
이름				

항목	13. 한 번 이상 꼴찌를 한 적이 있는 사람	14. 애국심이 강한 사람	15. 가슴 아픈 짝사랑 경험이 있는 사람	16. 자신의 미모가 뛰어나다고 생각하는 사람
이름				
항목	17. 다이어트에 실패한 적이 있는 사람	18. 소주보다 우유를 좋아하는 사람	19. 자신의 얼짱 각도를 잘 아는 사람	20. 성형수술을 하고 싶은 부위가 두 군데 이상 있는 사람
이름				
항목				
이름				
항목				
이름				
항목				
이름				

(2) 나의 긍정적인 첫인상

나는 ______________ 입니다.

(3) 자기 소개문

나를 소개합니다
관계 맺기(인사말)
개인정보 혹은 생각, 느낌, 바람, 부탁 등
마치기

4. 후기

1) 인사를 나눈 친구와 그렇지 못한 친구에 대한 느낌이 어떻게 다른지 써보자.

2) 친구에게 받은 첫인상이 자기 생각과 어떻게 다른지 적어보자.

3) 자기소개에 반드시 들어가야 하는 내용은 무엇인지 적어보자.

4) 여러 사람 앞에서 자기를 소개할 때 어려움을 느꼈다면 무엇인지 써보자.

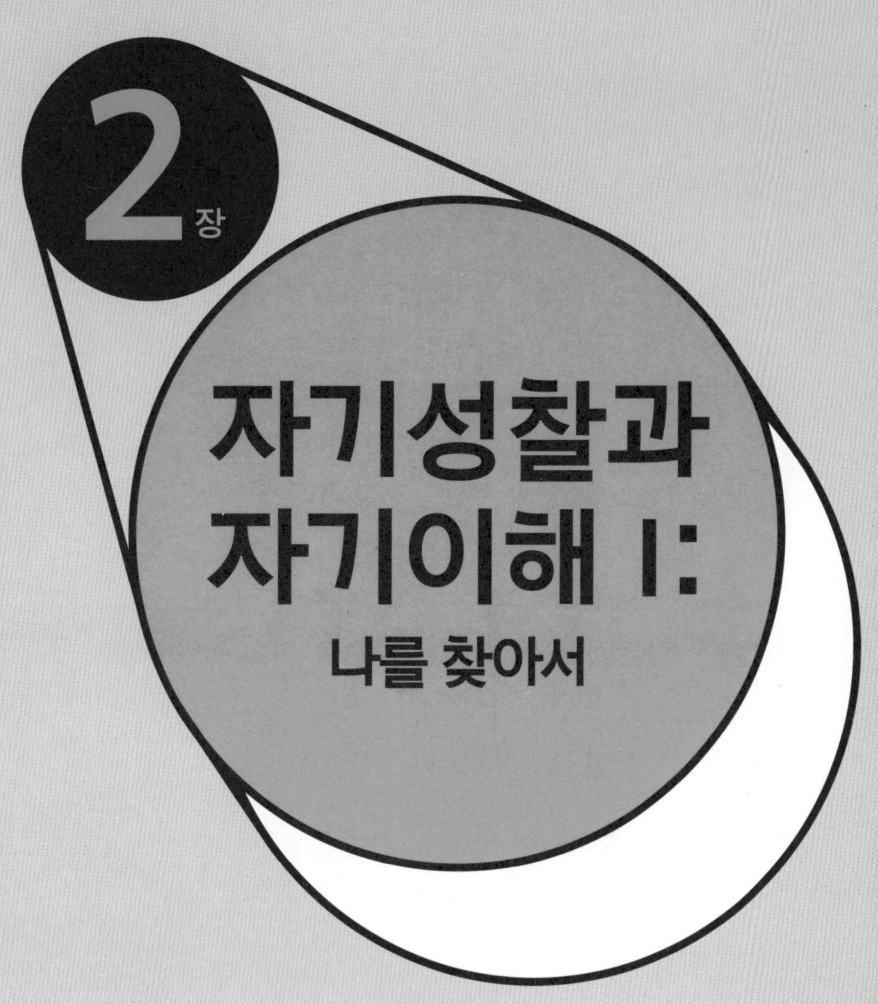

학습목표

자기이해의 중요성을 알고, 바람직한 자기표현 방법을 학습한다.

내가 가진 권리

나의 생각과 희로애락의 감정을 표현할 수 있는 권리
질문을 하거나 이의를 제기할 수 있는 권리
자신의 말을 경청해 달라고 요구할 수 있는 권리
모른다고 말할 수 있는 권리
인격적으로 대우받고 존경받을 수 있는 권리
자기에게 주어진 권리 안에서 선택하고 의사 결정할 수 있는 권리
실패하고 실수를 할 수 있는 권리
자신의 마음을 바꿀 수 있는 권리
남들과 다른 개성으로 살 수 있는 권리
자녀의 위치와 역할상 주어진 인간적 권리를 향유할 수 있는 권리
상대방의 요청을 거절할 수 있는 권리
상대방에게 요청을 할 수 있는 권리
자기 자랑할 수 있는 권리
자신을 알릴 수 있는 권리
화가 나면 화를 내고 눈물이 나오면 울 수 있는 권리
나를 소중하게 여길 수 있는 권리

홍경자(2007), 『자기주장의 심리학』 중에서

1. 나는 누구인가?

더 나은 나를 위해 가장 먼저 해야 할 일은 내 안의 나를 찾고 발견하는 일이다. 이렇게 나 자신에 대해 얼마나 알고 있는지 스스로 점검해보는 자기탐색 과정은 자기이해의 첫걸음이다.

'나는 누구인가?'라는 질문에 답을 찾기 위해 노력해본 적 있는가? '나는 무엇을 좋아하는가?', '나는 어떻게 되고 싶은가?', '나는 어떠한 감정을 지니는가?' 등등 나 자신에 대해 몇 가지 의문과 다양한 감정을 갖게 될 수 있다. 예를 들어, '이러한 상황에 내가 이렇게 해야 하겠지. 아니야, 안 하는 게 나을까?' 등과 같은 질문들을 자신에게 하고 때로는 그 답을 찾기 위해 끊임없이 갈등하게 된다. 이러한 다양한 자기탐색 활동을 통해 '나다운 나'를 찾아간다.

다음 문장을 가능한 한 빠르게 완성해보자.

나는 ____________________

나는 ____________________

나는 ____________________

나는 무엇을 '나'라고 생각하는가? 나에 대해 어떠한 결론을 얻을 수 있는가? 이러한 내용은 진정한 자신의 것인가, 아니면 누군가에 의해 그렇게 일컬어진 것인가?

2. 자기이해

한 개인이 지니는 자신에 대한 견해는 나 자신을 비롯해 나를 둘러싼 환경을 평가하는 중요한 판단기준으로 작용한다. 나를 나답게 만들고, 더 나은 나를 위해 나 자신을 이해하는 일은 매우 중요하다.

1) 이중적 자기 - 진정한 자기: 진아(眞我, true self) vs. 가짜 자기: 가아(假我, pseudo-self)

(1) 인간은 성장하면서 부모나 다른 사람과의 관계에서 진정한 자기를 숨기고 '~체'하는 모습을 보이게 된다. 특히 부모를 포함한 다른 사람에게 인정받기

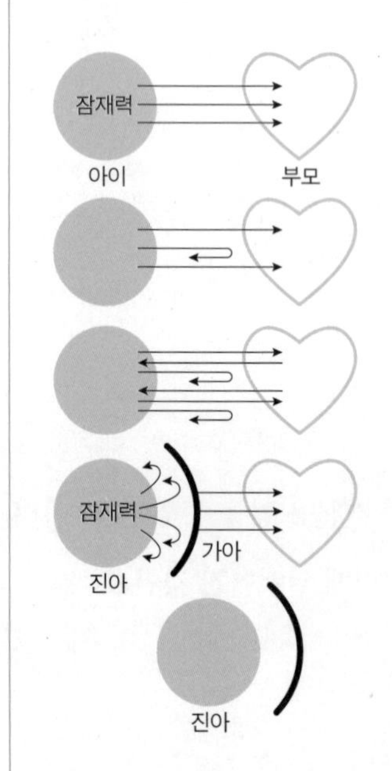

1. 아이의 욕구와 잠재력이 부모의 무조건적인 사랑에 의해 수용된다. 이 과정에서 아이는 서서히 잠재력을 개발할 힘을 얻게 된다.
2. 아이의 욕구 중 일부가 부모에 의해 거부된다. 이 과정에서 아이가 가진 잠재력 일부는 방해를 받고 개발이 저지된다.
3. 아이의 많은 욕구가 부모에 의해 거부됨과 동시에 부모의 욕구를 받아들이도록 교육된다. 이 과정에서 아이의 잠재력은 더욱 억제된다.
4. 앞의 과정을 거치는 동안 아이는 원래의 진아를 숨긴 채 남에게 보이고 인정받기 쉬운 가아를 발달시키게 된다. 아울러 그 가아의 벽 때문에 잠재력이 개발될 기회는 차단되고 점차로 힘을 잃게 된다.
5. 성장 과정에서 가아의 벽은 점점 두꺼워지고 잠재력은 죽어가게 된다.

[그림 1] 이중적인 자기출현(설기문, 2006)

위해서는 '~체'하면서 그들의 기대나 요구에도 맞추어야 한다는 사실을 배우게 되고, 나이가 들면서 점차 진정한 자신의 욕구를 숨기거나 억압 또는 거부하면서 부모와 의미 있는 타인의 욕구를 자신의 것으로 받아들이는 모순을 경험하게 된다. 이러한 모순의 경험은 초기에는 의식적인 차원에서 이루어지지만, 나이를 먹고 어른이 되어가면서 횟수가 반복될수록 습관화되고 무의식화되어 나중에는 성격으로 굳어져버린다. 이리하여 인간은 어쩔 수 없이 원래의 자기, 진정한 자기인 진아와 '~체'하는 가식적인 가짜 자기인 가아의 두 가지 '자기'를 갖고 '이중적인 자기'를 경험하게 된다.

(2) 변화하는 사회 속에서 인간이 담당해야 할 역할과 그에 따라 수행해야 할 과제와 의무가 많아지고, 역할행동과 성취에 대한 기대와 욕구수준 또한 높아지게 되었다. 현대인은 현대사회에 낙오되지 않기 위해 스트레스, 좌절, 불안을 경험하면서 진아가 가진 욕구는 억압하고 잠재력은 퇴화되는 반면, 가아가 강화되어 진아와 가아의 괴리는 깊어진다. 이러한 과정에서 차츰 자기를 잃어버리게 되고 자기와의 진정한 만남, 즉 '참만남(encounter)'을 하지 못하게 된다.

2) 자기를 이해하지 못하는 사람

(1) 진정한 자기를 이해하지 못하는 사람은 '~체'하는 단단한 가짜 자기의 벽에 갇혀 스스로 자신을 소외시켜서 고독하게 되고, 타인과의 만남도 자기의 진아와 타인의 진아가 만나는 참만남을 경험하는 것이 아니라 자기의 가아와 타인의 가아가 만나는 '스침'의 관계를 지속하기 때문에 표피적이고 가식적인 만남으로 끝난다. 이러한 사람은 수많은 사람 속에서 살아가지만 진정한 참만남의 기회를 얻지 못하기 때문에 '군중 속의 고독'을 경험하여 점차로 소외되어간다(그림 2).

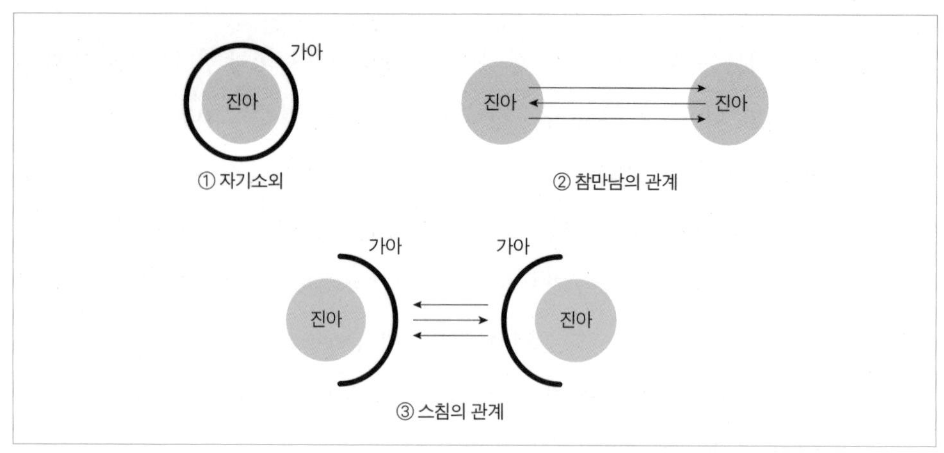

[그림 2] 자기소외, 참만남, 그리고 스침의 관계(설기문, 2006)

(2) 자기를 이해하지 못하는 사람은 자신이 가지고 있는 부정적 모습과 정서를 자기 것이 아니라고 부인하거나 타인의 것으로 돌리는 경향이 있다. 그 결과 '나'의 진짜 모습을 찾고 발견하기 위한 기회를 놓쳐 자신을 부정하거나 왜곡시켜 자기 본래의 모습을 숨기고 가식적으로 행동하며, 처한 상황이나 다른 사람들의 요구에 맞춰서 행동하게 되므로 자기욕구와 관계없는 거짓된 행동을 지속시켜 자기이해와 성장의 기회를 잃어버리게 된다. 또한 모순되고 이중적인 여러 가지 가치관을 갖게 되고, 의미 있는 결정을 할 자신감이 없기 때문에 자기가 하게 되는 여러 가지 역할을 상황에 맞게 성찰하며 통합적으로 수용할 수 없어 남에게 의존하게 된다. 이렇게 자신에 대한 그릇된 판단을 가져오는 경우가 많으며, 자신이 진정으로 무엇을 원하는지 알 수 없어 결국 자신을 잃어버리게 되는 삶을 산다.

3) 자기를 이해하는 사람

(1) 진정한 '나'를 이해하는 것은 가짜 자기가 아닌 원래의 진정한 자기와 깊이 있는 참만남을 하는 것이다. 자기이해란 '나는 누구인가?'라는 존재 본질에 대한 자기 질문과 자기 대답을 신념적으로 확보하는 것이다. 자기를 이해하는 사람은 앞으로의 인생을 조명하면서 자기의 인생은 어떤 모습의 삶이며, 미래 세계에서는 어떠한 가능성을 갖는지, 그리고 자신의 사회적 유능성은 어디에서 발현될 수 있는지 등 자기와 관련된 확실한 개념을 규정하고 인간 존재로서

자기점검 자아개념 검사

다음은 자신의 자아개념을 평가해볼 수 있는 질문지다.
일반적으로 자신이 행동하는 것을 잘 요약했다고 보는 번호를 고르시오.

문항	항상 그렇다	종종 그렇다	좀처럼 그렇지 않다	전혀 그렇지 않다
1. 나는 어려운 일에 직면하면 최선을 다하려 하며, 대개는 성공적이다.	1	2	3	4
2. 나는 이성이 주위에 있을 때 마음이 편하다.	1	2	3	4
3. 나는 나를 좋아하는 사람들이 많다고 느낀다.	1	2	3	4
4. 나는 내 능력에 상당한 자부심을 가지고 있다.	1	2	3	4
5. 나는 누군가가 나를 위해 결정해주는 것과는 항상 반대로 행동하기를 좋아한다.	1	2	3	4
6. 나는 윗사람이 옆에 있으면 안심이 되고 마음이 편안하다.	1	2	3	4
7. 나는 낯선 사람들 앞에서는 지나치게 수줍어한다.	4	3	2	1
8. 뭔가가 잘 안 될 때 나는 자신을 비난하는 경향이 있다.	4	3	2	1
9. 나는 실패하게 되면 당연히 느낄 수 있는 것 이상으로 우울해하는 편이다.	4	3	2	1

* 평가: 10~19점은 강한 자아개념, 20~25점은 적당한 자아개념, 26점 이상은 자아개념의 강화가 필요함.
출처: 장연집(2006), 『현대인의 정신건강』, 서울: 학지사.

의 가치를 확립하려는 시도가 이루어진다.

(2) 자기를 이해한다는 것은 신체적 모습뿐 아니라 정서 등 마음 상태, 행동, 가치관을 인식하고 타인과의 관계성을 잘 아는 것이다. 이러한 자기이해 과정은 타인에게 의존해서 결정된 것이 아니라 진정한 자기 경험을 있는 그대로 진실하게 탐색하는 과정을 통해 이루어진다.

3. 자기표현

자신을 안다는 것은 무엇을 의미하는가? 자기를 표현한다는 것은 다른 사람들에게 자신을 드러내어 분명한 자기를 보여주는 것을 의미한다. 이는 자신의 경험 속에서 생각과 감정을 다른 사람들과 함께 나눈다는 것을 포함하고 있어 어떤 사람이 자기를 표현하는 것은 타인이 그 개인을 알게 되는 것뿐 아니라 다른 사람들과 마음을 나누며, 그러한 만남 속에서 자신을 더 깊이 있게 이해하게 한다.

1) 자기표현에 대한 이해

(1) 바람직한 자기표현이란 상대방을 불쾌하게 하지 않고 상대방의 권리를 침해하지 않는 범위에서 자기 생각 및 느낌, 욕구, 권리 등 자신이 나타내고자 하는 바를 마음속에 있는 그대로 진솔하게 다른 사람들에게 직접 나타내는 행동이다.

(2) 적절한 자기표현은 인간관계를 유지하고 발전시키는 데 활력을 준다. 하지만 자기를 표현하지 않고 감정을 차단하면 오해를 야기하며, 생각이나 감정을 표

현하지 않고 상대와의 직접적인 만남을 피하면 친밀한 관계 형성을 어렵게 한다. 자신의 마음을 감추고 솔직하게 표현하지 못하는 피상적인 만남은 대인관계에서 이해 부족을 야기하여 상호 간에 불신을 초래하기도 한다.

(3) 이러한 자기표현은 학습 또는 훈련을 통해 향상될 수 있으며, 자기수용 및 자기이해와 더불어 돈독한 대인관계를 가져온다.

2) 자기표현을 방해하는 요인

① 사회적 규칙

우리 문화와 사회에서는 감정을 직접 표현하는 것을 금기시하여 감정을 솔직히 표현하기보다는 완곡하게 빗대어서 나타낸다. 따라서 반드시 거절해야 할 상황에서 싫어도 싫다는 표현을 하지 못하고, 특히 화 같은 부정적인 정서에서 화났다는 사실을 잘 나타내지 못한다.

② 사회적 역할

감정표현을 하지 않는 것을 미덕으로 여긴다. 선생님은 항상 모든 학생을 골고루 사랑하는 모습을 보여야 하며, 영업사원은 고객 앞에서 웃음을 잃지 않아야 한다고 여기기 쉽다.

③ 감정 확인의 어려움

감정을 억제하고 표현하지 않다 보면 점차로 자기 속에 있는 감정을 인식하지 못하게 되고, 자신이 감정을 경험하면서도 어떤 감정인지 모른다. 감정을 오래 묻어두거나 표현하지 않으면 차츰 감정에 대해 무뎌지고 인식하지 못하게 된다.

④ 자기노출에 대한 두려움

다른 사람들에게 부정적으로 평가되거나 이상하게 보여질 수 있다는 염려와 불안 때문에 누구나 솔직하게 자기를 노출하는 것을 두려워한다.

3) 자기표현을 적절하게 하지 못한 경우 vs. 자기표현을 적절하게 한 경우

(1) 자기표현을 적절하게 하지 못한 경우

"당신은 나를 싫어하는 것 같습니다."
"때때로 너는 나를 무시하는 것 같아."
"왜 이렇게 늦은 거야? 전화도 못하니?"

↳ 적절한 자기표현이 아닌 이유는 자신의 진솔한 감정과 욕구를 표현한 것이 아니라 상대에 대한 지레짐작이나 비난을 표현하는 경우가 대부분이어서 이러한 표현은 오히려 인간관계에 손실을 얻게 된다.

(2) 자기표현을 적절하게 한 경우

"당신은 나를 싫어하는 것 같아 매우 섭섭합니다."
"때때로 나는 서운하고 속상하다."
"온갖 불길한 느낌에 마음 졸이며 너무나 걱정이 되었다."

↳ 적절한 자기표현이 이루어지는 때는 상대방에 대한 비난이 아니라 진솔하게 나 자신이 느끼는 감정을 표현하는 경우가 많다. 자신의 감정에 솔직하면서도 진정성을 담은 표현이 중요하다.

자기점검 자기표현 검사

다음은 자기표현을 평가해볼 수 있는 질문지다.
부모님과 친구에게 자신을 표현하는 정도에 해당하는 항목에 ○표 해주세요.

번호	문항	대상	① 아무런 이야기를 하지 않음	② 생각이나 느낌을 막연한 말로 함	③ 생각이나 느낌을 조금도 꾸밈없이 솔직하게 이야기함
예시	내가 좋아하는 음식과 싫어하는 음식	부모님		○	
		친구			○
태도와 의견					
1	종교에 대한 나의 생각이나 느낌	부모님			
		친구			
2	우리나라에 대한 나의 생각이나 느낌	부모님			
		친구			
3	술, 담배에 대한 나의 주장 또는 느낌	부모님			
		친구			
4	친구, 친척, 선생님 등 사람에 대한 나의 생각과 느낌	부모님			
		친구			
5	부모님이나 가족에 대한 나의 생각 또는 느낌	부모님			
		친구			
기호와 음식					
1	내가 좋아하는 음식과 싫어하는 음식	부모님			
		친구			

번호	문항	대상	① 아무런 이야기를 하지 않음	② 생각이나 느낌을 막연한 말로 함	③ 생각이나 느낌을 조금도 꾸밈없이 솔직하게 이야기함
2	내가 읽기 좋아하는 책과 싫어하는 책	부모님			
		친구			
3	내가 좋아하는 TV 프로그램이나 컴퓨터 게임	부모님			
		친구			
4	나의 취미 생활 또는 특기	부모님			
		친구			
5	내가 갖기를 원하는 물건 또는 하고 싶은 일	부모님			
		친구			
공부와 활동					
1	내가 가장 귀찮고 어려워하는 일 또는 활동	부모님			
		친구			
2	내가 가장 재미없게 여기고 지루하게 생각하는 일	부모님			
		친구			
3	내가 요즘 가장 즐겁고 재미있게 여기는 일 또는 활동	부모님			
		친구			
4	내가 다니는 학교에 대한 만족감 또는 불만	부모님			
		친구			
5	내가 한 일을 두고 다른 사람들이 칭찬할 때, 나의 기분과 느낌	부모님			
		친구			

번호	문항	대상	① 아무런 이야기를 하지 않음	② 생각이나 느낌을 막연한 말로 함	③ 생각이나 느낌을 조금도 꾸밈없이 솔직하게 이야기함
성격과 기분					
1	나를 정말 화나게 하는 일 또는 사람	부모님			
		친구			
2	내가 싫어하고 걱정하며 결점이라고 생각되는 나의 성격에 대해	부모님			
		친구			
3	내가 부끄럽게 생각하고 약간의 죄의식을 느끼는 일들에 대해	부모님			
		친구			
4	내 감정을 극도로 상하게 하는 일 또는 사람	부모님			
		친구			
5	떳떳하고 자랑스러우며, 나로 하여금 기쁨을 느끼게 하는 일, 사람	부모님			
		친구			
용모와 건강					
1	나의 전체적 생김새에 대한 나의 생각 또는 느낌	부모님			
		친구			
2	나의 얼굴(눈, 코, 입, 목, 귀) 부분에 대한 나의 생각 또는 느낌	부모님			
		친구			
3	나의 체격, 목, 가슴, 허리, 다리, 신장, 몸무게에 대한 나의 생각과 느낌	부모님			
		친구			

번호	문항	대상	① 아무런 이야기를 하지 않음	② 생각이나 느낌을 막연한 말로 함	③ 생각이나 느낌을 조금도 꾸밈없이 솔직하게 이야기함
4	지난날 내가 앓았던 질병과 치료과정	부모님			
		친구			
5	나의 체격과 그에 어울리는 평소의 특징에 대한 관심	부모님			
		친구			

나의 자기표현 점수는?(총점 75점)

대상	태도와 의견	기호와 음식	공부와 활동	성격과 기분	용모와 건강	전체
부모님	점	점	점	점	점	점
친구	점	점	점	점	점	점

※검사 실시 후 느낀 점을 적어보세요. 자신을 잘 표현하며 살고 있나요?
아니면 표현하지 못하며 살고 있나요 ?
표현을 잘한 측면과 표현을 잘하지 못한 측면은 무엇인가요?
표현을 못하고 살았다면 그 이유는 무엇일까요?

3. 활동 프로그램

1) 개요

항목	내용
주제 및 제목	• 내가 보는 나, 남들이 보는 나, 되고 싶은 나 • 나를 찾아서
목표	• 자신을 탐색하는 과정을 통해 내가 가진 특성들에 대해 이해할 수 있다. • 나와 다른 사람을 있는 그대로 인정하고 수용하는 것을 배운다.
전체 소요 시간	• 총 60~120분
준비물	• 필기구, 활동지
유의사항	• '나를 찾아서' 빙고 게임 시 많이 채워나가는 게 중요한 것이 아니라 자신을 탐색하는 과정이 더 의미 있는 일임을 상기시킨다. • 집단활동 중 자신에 대한 탐색과 더불어 이를 다른 구성원과 함께 나누고 체험하는 과정을 거치기 때문에 서로 나눈 내용에 대해 비밀보장을 약속한다.

2) 진행 방법

진행 단계	활동 내용	유의사항	시간	자료
도입	**내가 보는 나, 남들이 보는 나, 되고 싶은 나** ① 소집단을 구성하고 지시사항에 따라 활동지의 표에 점수를 표기하고 그 합을 구해본다. ② 점수의 합이 가장 높은 항목과 낮은 항목을 탐색해본다. ③ 제시된 특성 중 자신의 강점과 약점이 될 수 있는 항목을 찾아보고 그 이유에 대해 생각해본다.		15~30분	

진행 단계	활동 내용	유의사항	시간	자료
도입	④ 소집단에서 이러한 내용을 말해보고, 교수의 지도하에 활동에 대한 전체 소감을 나누어본다.			
전개	**나를 찾아서** ① 빙고 게임 활동지에 자신의 특성 및 생각을 한 가지만 솔직하게 적는 시간을 가진다. ② 5, 6명이 소집단을 구성하고 구성원들은 순서대로 돌아가며 자신이 쓴 내용을 하나씩 큰 소리로 이야기한다. ③ 친구들이 불러준 내용이 자신이 쓴 내용과 같으면 채워가며 빙고가 만들어지면 빙고를 외친다. ④ 소집단 구성원에게 25개 항목이 모두 돌아갈 수 있도록 한다. ⑤ 빙고가 많이 채워진 경우 자신과 친구들에 대해 어떠한 느낌을 지니는지 탐색해보고, 빙고가 거의 없는 경우에도 자신과 친구들에 대해 위와 같은 과정으로 탐색해본다. ⑥ 교수의 지도하에 자신의 특성 중 다른 친구들과 유사한 점과 독특한 점이 무엇인지 찾아본다. ⑦ 다른 사람과 유사한 혹은 독특한 특성이 만들어진 이유와 과정에 대해 생각해보고 그 느낌을 나누어본다.	① 빙고 게임 시 많이 채워나가는 것이 중요한 게 아니라 자신을 탐색하는 과정이 더 의미 있는 일임을 상기시킨다. ② 빙고를 많이 채워간 사람과 전혀 그렇지 못한 사람 모두 의미 있는 자기이해 활동임을 인식시킨다.	30~50분	필기 도구
마무리	자신이 어떠한 특성을 지니는지 그 내용을 탐색하는 것뿐만 아니라 자신에 대해 진지하게 생각하는 활동 시간을 가진 것만으로도 의미가 있음을 안다.		5~10분	

3) 활동지

(1) 내가 보는 나, 남들이 보는 나, 되고 싶은 나

아래 표의 특성을 읽고 '나와 완전히 비슷하다'는 +3점, '나와 비슷하다'는 +2점, '나와 약간 비슷하다'는 +1점, '잘 모르겠다'는 0점, '나와 별로 비슷하지 않다'는 -1점,

'나와 비슷하지 않다'는 -2점, '나와 전혀 비슷하지 않다'는 -3점으로 각각의 칸에 표시해보고, 점수의 합을 쓰시오.

특성	내가 보는 나	남들이 보는 나	되고 싶은 나	점수 합
욕심 많은				
불안한				
부주의한				
야심 있는				
방어적인				
신뢰할만한				
지배적인				
친절한				
행복한				
정직한				
지적인				
책임감 있는				
게으른				
질투심 많은				
사랑스러운				
변덕스러운				
계획적인				
인기 있는				
자신 있는				
예민한				
수줍어하는				
고집 센				
의젓한				
이해가 빠른				

- 점수의 합이 가장 높은 항목

- 점수의 합이 가장 낮은 항목

- 위의 특성 중 자신의 장점이 될 수 있는 항목은 무엇이며, 그 이유는 무엇인가?

- 위의 특성 중 자신의 단점 혹은 약점이 될 수 있는 항목은 무엇이며, 그 이유는 무엇인가?

(2) 나를 찾아서

가장 좋아하는 숫자 (0~10까지)	이상적인 배우자상	가장 존경하는 사람	좋아하는 색	나의 취미 혹은 특기
가장 좋아하는 음식	가장 슬펐던 일	가장 행복했던 일	가장 싫어하는 음식	이성 친구의 첫 번째 조건
복권 1억 원에 당첨된다면 가장 먼저 하고 싶은 일	10년 전 장래 희망	가장 자랑하고 싶은 점	가장 숨기고 싶은 점	가장 가보고 싶은 나라
가장 아끼는 물건	가장 좋아하는 노래	현재 가장 좋아하는 TV 프로그램	대학을 온 목적	가장 기억에 남는 책
싫어하는 이성상	부모님과 갈등이 생기는 이유	해보고 싶지만 실패할까 두려워 못하고 있는 계획	지금 가장 하고 싶은 일	마지막으로 '사랑해' 라고 말하고 싶은 사람

• 빙고가 채워진 자신의 특성은 무엇인가?

• 빙고가 채워지지 못한 자신의 특성은 무엇인가?

• 빙고가 많이 채워진 혹은 그렇지 못한 경우 자신과 타인에 대해 느낌이 어떠한가?

• 위와 같은 특성들이 만들어지게 된 이유와 과정에 대해 생각해보자.

4. 후기

1) 자신에 대해 새롭게 발견한 점은 무엇인지 써보자.

2) 자기노출 활동 시 힘들었던 점이 있다면 그 이유가 무엇인지 생각해보자.

3) 활동 프로그램 체험 후 느낀 점을 간단히 써보자.

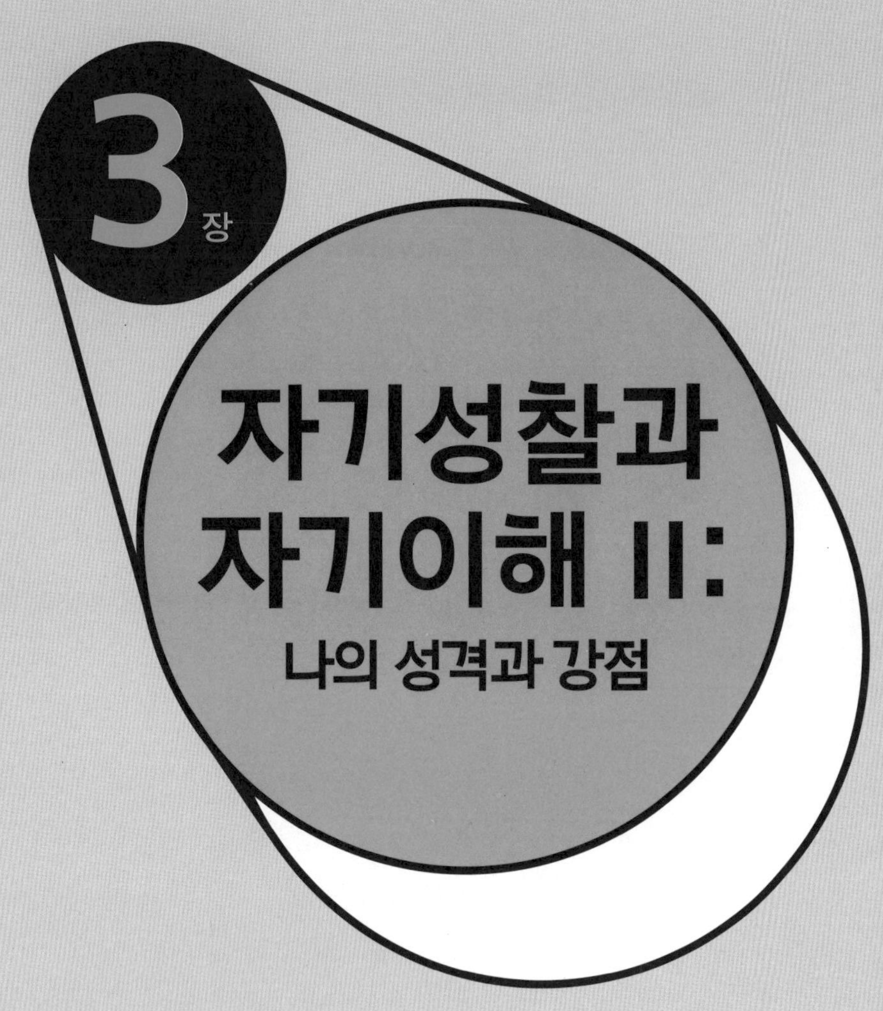

3장 자기성찰과 자기이해 II: 나의 성격과 강점

학습목표

자신의 성격 및 강점에 대해 탐색하고 이해한다.

알아야 참으로 보이게 된다(知則爲眞看)

알면 곧 참으로 사랑하게 되고(知則爲眞愛),
사랑하면 참으로 보게 되고(愛則爲眞看),
볼 줄 알게 되면 모으게 되니 그것은 한갓 모으는 게 아니다(看則畜之而非徒畜也).

위의 글은 조선 정조 시대에 유한준(兪漢雋)이라는 문인이 석농(石農) 김광국(金光國)의 수장품에 부친 글로, 유홍준이 『나의문화유산답사기』 제1권 머리말에서 아래와 같이 인용하여 알려지게 되었다.

"사랑하면 알게 되고 알게 되면 보이나니, 그때 보이는 것은 전과 같지 않으리라."

- 유홍준(2011), 『나의 문화유산답사기』 서문 중

1. 나의 성격

1) 성격 이해의 중요성

성격이란 개인을 설명할 수 있는 독특하고 일관된 특성을 말한다. 성격에 대한 묘사는 '나'라는 사람을 가장 잘 나타내주는 하나의 수단이다. 나의 성격에 대한 정확한 이해는 나를 더 깊이 이해할 수 있게 한다. 각자 타고난 성격에 따라 어떤 사람은 조용히 혼자 앉아서 집중하는 일을 더 좋아하는가 하면, 또 어떤 사람은 여러 사람과 접촉하고 이야기하는 것을 더 좋아하고 즐거워할 수도 있다. 이처럼 우리는 각자 서로 다른 독특한 개성을 가지고 있으며, 이는 나중에 우리가 어떤 곳에서 어떤 일을 할 때나 다양한 대인관계를 맺고 적응해나갈 때 더 만족스럽고 행복하게 느끼는가 하는 것과 밀접한 관련이 있다. 따라서 자신의 성격을 정확히 파악하고 이에 부합하는 직업 및 일을 선택하는 것도 미래 직업의 만족 및 적응적인 대인관계와 다양한 사회생활 적응에 영향을 주는 매우 중요한 요인이다.

2) 성격 유형

성격 유형은 이론과 학자에 따라 다양하게 분류되고 있다. 다음에서는 대표적으로 널리 알려진 홀랜드 검사, MBTI 검사, LCSI 검사, 에니어그램 등을 중심으로 성격 유형을 제시했다. 자신의 성격 유형을 좀 더 깊이 있게 탐색하고 싶으면 학생상담센터를 방문하여 다양한 성격검사 실시 및 해석 상담을 받을 수 있다.

(1) 홀랜드 검사의 성격 유형

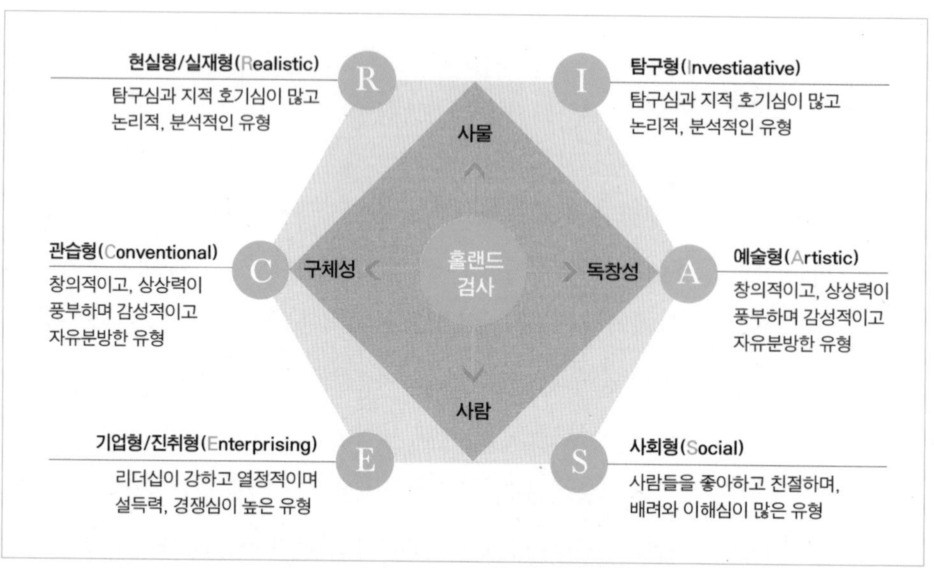

[그림 3] 홀랜드 검사의 성격 유형

(2) LCSI 검사의 네 가지 성격 유형

[그림 4] LCSI 성격 캐릭터

(3) MBTI 검사의 16가지 성격 유형

ISTJ 세상의 소금형 한번 시작한 일은 끝까지 해내는 사람들	ISFJ 임금 뒷편의 권력형 성실하고 온화하며 협조를 잘하는 사람들	INFJ 예언자형 사람과 관련된 것에 통찰력이 뛰어난 사람들	INTJ 과학자형 전체적으로 조합하여 비전을 제시하는 사람들
ISTP 백과사전형 논리적이고 뛰어난 상황적응력을 가지고 있는 사람들	ISFP 성인군자형 따뜻한 감성을 가지고 있는 겸손한 사람들	INFP 잔다르크형 이상적인 세상을 만들어 가는 사람들	INTP 아이디어 뱅크형 비평적인 관점을 가지고 있는 뛰어난 전략가들
ESTP 수완좋은 활동가형 친구, 운동, 음식 등 다양한 활동을 선호하는 사람들	ESFP 사교적인 유형 분위기를 고조시키는 우호적인 사람들	ENFP 스파크형 열정적으로 새로운 관계를 만드는 사람들	ENTP 발명가형 풍부한 상상력을 가지고 새로운 것에 도전하는 사람들
ESTJ 사업가형 사무적, 실용적, 현실적으로 일을 많이 하는 사람들	ESFJ 친선도모형 친절과 현실감을 바탕으로 타인에게 봉사하는 사람들	ENFJ 언변능숙형 타인의 성장을 도모하고 협동하는 사람들	ENTJ 지도자형 비전을 가지고 사람들을 활력적으로 이끌어가는 사람들

[그림 5] MBTI 성격 유형

(4) 에니어그램 검사의 아홉 가지 성격 유형

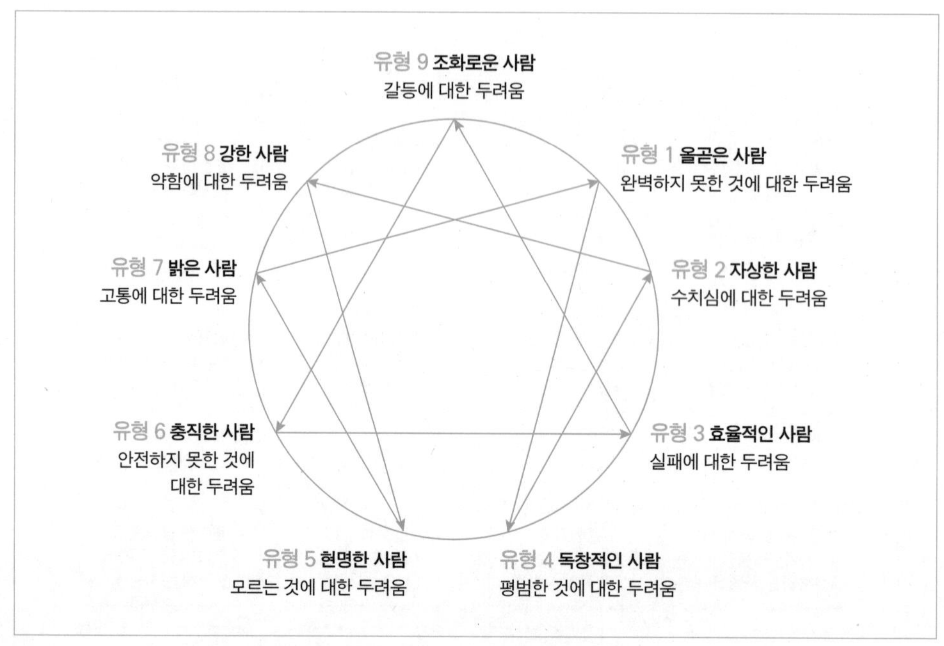

[그림 6] 에니어그램 성격 유형

2. 나의 강점

1) 강점

강점이란 "개인의 사고, 정서, 행동에 반영되어 있는 긍정적 특질"을 의미한다 (Peterson & Seligman, 2004). 가치 있는 성과를 위해 최적의 기능을 할 수 있도록 느끼고 생각하고 행동하는 역량, 한 사람의 재능 및 그와 관련된 지식, 기술, 노력을 결합한 것이다. 특정 과제에서 일관되게 완벽에 가까운 수행을 할 수 있게 하는 능력, 개인이 가지고 있는 사고, 감정 및 행동과 관련된 것으로 이를 발휘할 때 자연스럽고 편안함을 느끼며 에너지가 넘치고 행복감을 느끼게 되는 것이라고 할 수 있다.

2) 강점 인식

'인식'은 "특정 상황이나 사실에 대해 알고 있는 것"으로, 강점 인식이란 "자신의 강점을 자각하고 인지하는 것"이다. 강점은 그 자체로도 개인에게 가치 있는 긍정적 특질이지만, 강점을 통해 건설적인 인간의 본성을 더 많이 이해할 수 있고, 긍정적인 개인의 정체성과 자기 가치를 앎으로써 타인의 강점도 존중해줄 수 있다. 또한 강점을 자각하는 과정에서 자신의 장점을 깨닫게 되면 긍정적인 자기지각이 가능하게 되어 긍정적 자아개념을 형성할 뿐 아니라 진실한 자아를 알아가는 진정성과도 통한다.

3) 강점 활용

(1) '활용'은 "무엇인가를 통해 이익을 창출하는 것"으로 정의되며, 강점 활용은 강점 인식만큼 중요한 것으로 "가치 있는 결과를 추구함에 있어 최적의 기능과 수행을 가능하게 하는 방식이며, 느끼고 생각하고 행동하게 하는 자연스러운 능력"이다(Linely & Harrington, 2006). 강점을 인식하는 정도에 머무는 것보다 강점을 활용할 때 개인의 적응 수준을 더 높일 수 있으며(Govindji & Linley, 2007; Seligman et al., 2005; Wood et al., 2011), 셀리그만(Seligman, 2002) 역시 참된 행복과 큰 만족을 얻기 위해서는 강점을 인식하고 자신의 강점을 날마다 활용해야 한다고 했다.

(2) 강점을 활용할수록 목표를 성취하기 쉽고, 스스로에 대해 더 좋게 느끼며, 어떤 것을 더 잘 성취하게 되고, 자신의 잠재력을 실현하는 방향으로 나아갈 수 있다. 즉, 개인이 가진 강점을 활용함으로써 강점을 통해 실제적인 이득을 얻을 수 있다는 것이다.

(3) 이러한 강점 활용은 창의성과 지능처럼 능력을 발휘하며, 심리적인 활용을 이끌어내어 안녕감을 증진시킨다(Mutrie & Faulkner, 2004). 일상의 삶에서 자신의 강점에 집중하고 활용했을 때 탁월한 수준에 이를 수 있다(Buckingham & Clifton, 2002). 인간은 모두 자신만의 강점을 가졌지만, 강점이 저절로 길러져서 탁월한 수준에 이르는 것이 아니라 자신의 강점을 의도적으로 활용하는 데 시간과 노력을 투자함으로써 가능하다는 것을 알아야 한다.

4) 강점 연마 방법

다음은 15가지 강점과 각각의 강점을 연마할 방법을 간단하게 제시한 것이다. 자신에게 부족하거나 개선되어야 할 강점이 있는지 살펴보고, 이를 보완할 수 있도록 강점 연마 방법들을 직접 실행해보자.

강점		강점 연마 방법
1	호기심	• 먹어보지 않았던 음식을 먹어본다. • 여행계획을 짜본다.
2	학구열	• 자신 있는 과목부터 열심히 해서 좋은 성과를 시도한다. • 재미있게 공부하는 방법을 찾아본다(랩을 만들어서 외우기).
3	판단력	• 하루에 일어난 상황을 보고 잘된 것과 잘못된 것을 세 가지씩 찾아내는 연습을 한다. • 상황판단을 잘하는 사람을 관찰해본다.
4	창의성	• 그림이나 글쓰기 카페에 가입해본다. • 친구들과 새로운 아이디어에 대해 자주 토론한다.
5	사회성	• 드라마를 보며 주인공의 입장을 이해하는 연습을 한다. • 친구들의 칭찬거리를 노트에 적어본다.
6	예견력	• 여러 가지 대안을 짜본다. • 어떤 일이 벌어지면 가능한 미래를 상상해본다.
7	용감함	• 평소 관심은 있으나 해보지 않았던 일에 도전해본다. • 자신이 무서워하는 일에 도전해본다(번지점프).
8	끈기	• 내가 해낼 수 있는 쉬운 목표부터 이루어나가는 경험을 한다. • 포기하고 싶은 상황이 생겼을 때, 자기만의 주문을 걸어본다(나는 할 수 있다).
9	정직	• 친구에게 섭섭한 마음을 문자로라도 전달해본다. • 차가 지나다니지 않는 도로에서도 신호를 끝까지 지킨다.
10	친절	• 하루에 한 번씩 사람들에게 양보, 부탁 들어주기 등을 실천한다. • 내가 먼저 인사한다.
11	사랑	• 주변 사람들의 생일 등을 챙긴다. • 전화나 문자로 지인들에게 안부를 전한다.
12	팀워크	• 팀을 나누어 게임을 한다. • 스터디나 모임에 가입한다.

강점		강점 연마 방법
13	공정성	• 친한 친구가 싸울 때, 편을 들지 않고 양쪽 입장을 생각해본다. • 게임 심판을 해본다.
14	리더십	• 스스로 소집단을 모집해본다. • 리더십 있는 주인공이 나오는 영화나 드라마를 본다.
15	자기통제력	• 화가 날 때 심호흡을 하고 1부터 10까지 세며 참는 연습을 한다. • 용돈기입장 혹은 가계부를 쓰며 지출을 관리한다.

3. 활동 프로그램

1) 개요

항목	내용
주제 및 제목	• 나의 성격 - 나에 대해 알려주세요. • 나의 강점 - 내 안의 숨겨진 보물 vs. 나의 구겨진 부분 - 나의 강점 연마 방법 찾기
목표	• 나와 다른 사람이 보는 자신의 성격 특성을 탐색하고 이해한다. • 나의 성격 특성과 강 · 약점을 연결하여 이해한다. • 자기에게 맞는 강점 연마 방법을 찾아 강점을 더욱 강화하고 약점을 보완할 수 있다.
전체 소요 시간	• 총 60~120분
준비물	• 필기구, 활동지
유의사항	• 활동 수업 전 가족이나 친구에게 자신의 성격 특성을 알아본다. • 집단활동 중 자신에 대한 탐색과 더불어 이를 다른 구성원과 함께 나누고 체험하는 과정을 거치기 때문에 서로 나눈 내용에 대해 비밀보장을 약속한다.

2) 진행 방법

진행 단계	활동 내용	유의사항	시간	자료
도입	**나에 대해 알려주세요** ① 활동지의 친밀한 대상들이나 성격검사를 통해 나를 교수님과 친구들에게 소개한다면 어떠한 내용으로 알려줄 수 있는지 진솔하게 작성해본다. ② ①에서 작성한 내용 중 내가 동의할 수 있는 부분과 동의하지 못하는 부분, 그리고 나에 대해 아직 밝히지 못한 부분이 있다면 각각 작성해본다. ③ 정리된 내용을 전체적으로 살펴본 후 나에 대한 느낌이 어떠한지 작성해본다.	① 활동지의 내용을 작성할 때 성격 특성을 중심으로 작성해본다. ② 기존에 받아본 심리검사(성격검사)가 있다면 그 결과를 활동지에 활용할 수 있다.	15~30분	
전개	**내 안에 숨겨진 보물 vs. 내 안에 구겨진 부분** ① 활동지의 '내 안에 숨겨진 보물' 칸에 내가 생각하는 나의 강점을 다섯 가지 이상 찾아 적어본다. ② '내 안에 구겨진 부분'에서 나의 약점이라고 생각되는 특성이 있다면 적어본다. ③ 자신의 강점과 약점을 살펴보고 이러한 특성은 내가 선택한 것인지 혹은 주어진 것인지 생각해보고, 나의 강·약점이 변화될 수 있는 내용이 있다면 적어본다. **나의 강점 연마 방법 찾기** **(개별)** 나의 강점을 더욱 강화시키거나 약점을 보완하여 약점이 강점이 되도록 변화시킬 수 있는 특성이 있다면 적어보고, 즉시 시행할 수 있는 강점 연마 방법을 찾아 기술해본다. **(소집단 및 전체)** ① 소집단을 구성하여 각자가 작성한 변화될 수 있는 강·약점과 강점 연마 방법을 소개하고 피드백을 교환한다. ② 소집단에서 가장 효과적인 강점 연마 방법을 제시한 구성원을 선출하여 그 사람이 왜 뽑히게 되었는지를 설명하고 전체 집단에서 소개가 이루어지도록 한다. ③ 교수의 지도하에 실제 소개 내용들이 효과적인 강점 연마 방법이었는지 토론한다.	① 지난주 활동 내용과 도입부 활동 내용에서 자신의 강점과 약점을 찾아 기록할 수 있다. ② 본문에 제시된 강점 연마 방법 중 자신에게 맞는 방법이 있다면 찾아서 기술할 수 있다. ③ 가족과 친구들에게 자신의 강·약점에 대해 미리 물어 작성한다면 더욱 효과적인 활동으로 진행될 수 있다. ④ 집단활동 중 자신에 대한 탐색과 더불어 이를 다른 구성원과 함께 나누고 체험하는 과정을 거치기 때문에 서로 나눈 내용에 대해 비밀보장을 약속한다.	35~70분	필기 도구

진행 단계	활동 내용	유의사항	시간	자료
마무리	자신의 강 · 약점을 중심으로 어떠한 성격 특성을 지니는지 적극적으로 탐색하고 이해하는 활동들이 선행되어야 하며, 실제적 행동으로 옮길 수 있는 강점 연마 방법들을 찾고자 하는 자세가 중요함을 안다.		5~ 10분	

3) 활동지

(1) 나에 대해 알려주세요

• 나와 친밀한 대상들이나 성격검사를 통해 알아낸 나의 성격 특성에 대해 교수님과 친구들에게 소개한다면 어떠한 내용으로 설명될 수 있는지 각각 다섯 가지 이상 진솔하게 기술해보시오.

대상	성격 특성
가족들이 나를 소개한다면?	• • •
친구들이 나를 소개한다면?	• • •
성격검사나 가족과 친구 외에 친밀한 대상들이 나를 소개한다면?	• • •

• 위의 친밀한 대상들이 나를 설명하는 성격 특성 중 내가 동의할 수 있는 부분과 동의하지 못하는 부분, 그리고 나에 대해 아직 밝히지 못한 부분이 있다면 각각 작성해보시오.

내가 동의하는 성격 특성	• • •
내가 동의하지 않는 성격 특성	• • •
나에 대해 알지 못하는 나만 아는 성격 특성	• • •

• 나의 성격 특성에 대해 정리된 내용을 전체적으로 살펴본 후 나에 대한 느낌이 어떠한지 작성해보시오.

(2) 내 안에 숨겨진 보물 vs. 내 안에 구겨진 부분

내 안에 숨겨진 보물
• 내가 생각하는 나의 강점 다섯 가지를 적어보시오.
• 나를 잘 아는 사람이나 친한 사람 3명에게 연락(전화, 문자, 카톡 등)하여 나의 강점(혹은 장점) 두 가지씩을 물어 적어보시오.
내 안에 구겨진 부분
• 내가 생각하는 나의 약점을 적어보시오.
• 다른 사람에게 자주 지적당하는 특성들이 있다면 적어보시오.
• 내가 상대하기 어려운(예: 싫어하거나 관계 형성이 어려운) 사람의 특성이 있다면 쓰시오.

• 위에 기술된 특성 중 변화될 수 있는 것과 변화될 수 없는 것을 나누어 적어보시오.

변화될 수 있는 특성	변화될 수 없는 특성

• 위에 제시된 특성들은 나에게 주어진(타고난, 변화될 수 없는) 것인지 혹은 내가 선택한 것인지 생각해보시오.

(3) 나의 강점 연마 방법 찾기

• 내가 가진 강점을 더욱 강화시키거나 약점을 보완하여 강점이 되도록 변화시킬 수 있는 특성이 있다면 적어보고, 이에 따라 즉시 시행할 수 있는 강점 연마 방법을 찾아 기술해보시오.

특성	나의 강점 연마 방법
예시 인내심 부족	• 현재 내가 목표로 삼고 있는 내용을 점검하여 나의 실정에 전혀 부합하지 않거나 달성 불가능한 목표들은 없는지 점검해본다. • 내가 바로 쉽게 해낼 수 있는 것으로 목표를 수정하고, 즉시 목표를 달성하는 경험을 가져본다. • 포기하고 싶은 상황이 생겼을 때, 어려운 상황을 극복했던 경험을 떠올려보고 이러한 경험 속에서 얻어진 내용을 자기주문으로 만들어 되뇌어본다.

4. 후기

1) 자신의 성격 특성에 대해 새롭게 발견한 점은 무엇인지 써보자.

2) 자신의 강 · 약점에 대해 변화할 수 없다고 생각한 것 중 다른 친구들이 변화할 수 있다고 소개한 특성들이 있다면 무엇인가?

3) 친구들이 소개해준 효과적인 강점 연마 방법 중 자신도 즉각적으로 실행해볼 수 있는 방법이 있다면 작성해보자.

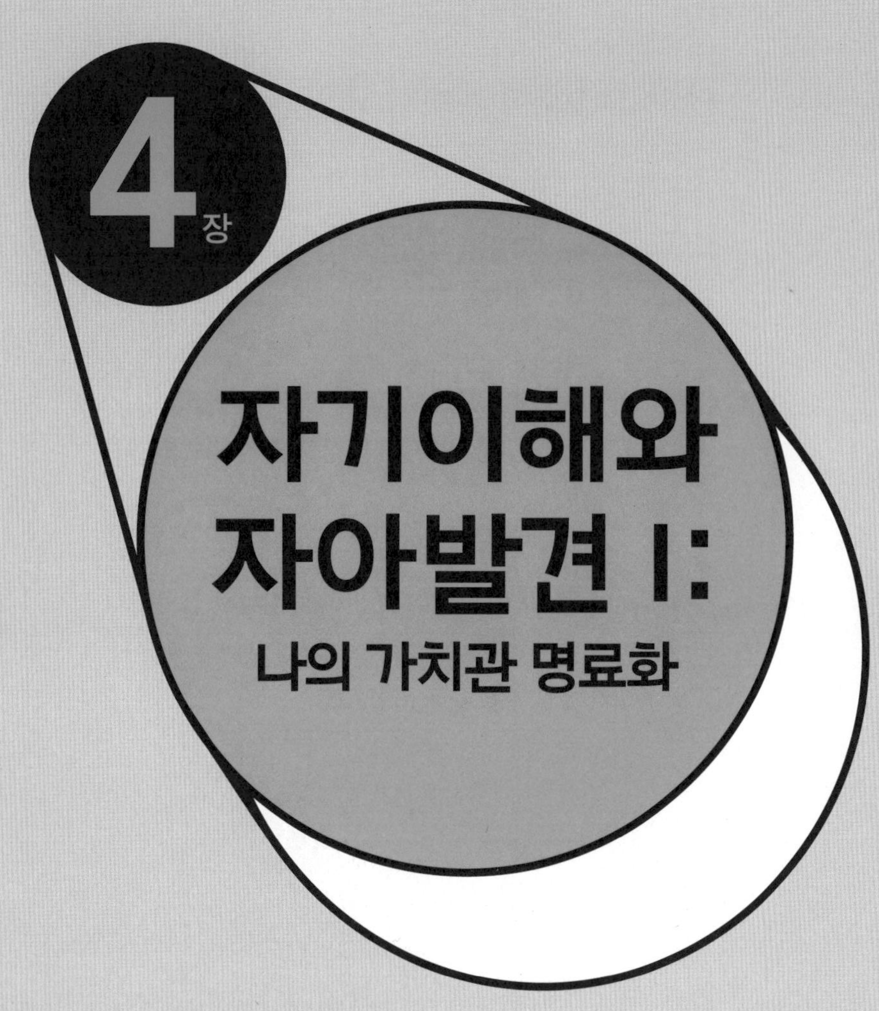

4장 자기이해와 자아발견 I: 나의 가치관 명료화

학습목표

자신의 가치 선택 경험을 다양화하고, 가치관에 따른 태도 및 가치관 명료화 과정에 대해 이해한다.

나를 발견하기 위해 떠나는 여행

이 땅 위에서 당신은 당신 한 사람밖에 없습니다.
당신과 똑같은 사람은 다시 이 땅에 태어나지 않습니다.
죽으면 당신이 가진 모든 것도 함께 사라집니다.

그런데도 당신은 자기 자신을 모르고 있습니다.
속에서 잠자고 있는 자신의 모습을 상상할 줄도 모릅니다.

당신은 지금 대체 누구를 찾고 있습니까.
정작 찾아야 할 사람은 자기 자신이면서, 찾아서 등 두드려 주어야 할 사람은 바로 자기 자신이면서 도대체 누구를 찾기 위해 보이지 않는 곳을 헤매고 있습니까.

- 이정하(2002), 『내 삶을 기쁘게 하는 모든 것들』 중에서

1. 나의 삶에 무엇이 중요한가?

우리는 태어날 때부터 가치관을 지니고 태어나는 것은 아니다. 우리에게 가치관을 가르쳐주고 전달해주는 문화와 사회 환경 속에서 태어난다. 가치관을 획득하는 과정은 출생 당시부터 시작된다. 그러나 가치관이 형성되는 과정은 정적인 과정이 아니다. 가치관은 우리의 전 생애를 통해 끊임없이 변화한다. 예를 들면, 어린이들에게는 놀이가 최고로 가치 있는 것이며, 청소년에게는 친구관계가 최고의 것일 수 있다. 젊은 성인에게는 이성관계가 최고의 가치일 수 있으며, 일반 성인에게는 현재 종사하고 있는 일이 최고의 가치가 될 수 있다. 노인들은 남에게 봉사하는 것을 최고의 가치로 삼을 수도 있다.

가치관이 매우 빠르게 변화하고 있어 사람들은 과거에 자신들이 지녔던 가치관의 현실성과 타당성에 대해 혼란을 느끼고 있다. 우리가 지니고 있는 가치관이 왜 발생했고, 어떻게 발전되어왔는가를 알아볼 필요가 있다.

1) 가치관의 필요성

(1) 우리가 매일매일 직면하는 가치관의 딜레마는 일어나고 있는 변화의 폭과 관계가 있다. 혼란과 의견 차이는 가치 판단과 관계가 있다. 우리는 이러한 문제에서 쉽고 간단한 해답이란 발견되지 않는다는 사실을 알고 있다. 매번 우리 앞에 놓인 선택 사이에서 갈등을 느낀다.

(2) 우리의 가치관이나 개인적인 신념들은 삶의 방향을 결정하는 데 초석이 된다. 당신에게 무엇이 중요한지를 분명히 알고 있는가? 의미 있는 삶은 우연히 이루어지는 게 아니다. 그런 삶을 개발하기 위해 끊임없이 노력해야 한다.

2) 가치관 명료화

(1) 가치관 명료화란 "자신에게 바람직하거나 존중할 만한 것을 분명하게 하는 과정"이다.

(2) 가치관은 인지적 · 정서적 · 행동적 요소를 가지고 있다. 첫째, 가치관은 바람직한 것에 대한 하나의 인지다. 한 사람이 어떤 가치를 가지고 있다는 것과 행동해야 할 정확한 방법이나 노력해야 할 정확한 목적 상태를 인지적으로 알고 있음을 뜻한다. 둘째, 가치관은 우리가 그 가치에 대해 정서적인 것을 느낀다는 점에서 정의적이다. 셋째, 가치는 그것을 적용할 때 어떤 행동으로 이끌어주는 변인이라는 점에서 행동적 요소를 가진다. 따라서 가치관이 명료화되기 위해서는 가치관의 구성요소인 인지적 측면, 정의적 측면 그리고 행동적 측면을 고려해야 하는데, 자신이 가지고 있는 가치관이 세 가지 측면에서 모두 만족한 상태일 때 가치관이 명료화되었다고 할 수 있을 것이다. 그러므로 가치관이 명료화되었다는 것은 자신이 가지고 있는 가치를 인식하고 있고, 행동해야 할 정확한 방법이나 목적 상태를 인지하고 있어야 하며, 그 선택한 가치에 대해 만족스럽게 생각하는 정서적인 느낌을 가져야 하고, 또한 선택한 가치를 행동으로 나타내는 것을 의미한다고 할 수 있다.

(3) 우리는 개인마다 독특한 개성을 지니고 있으므로 서로 다르지만 많은 유사점을 가지고 있다. 아동기 때는 독특한 환경과 경험 속에서 성장하면서 주변의 주요 인물들의 가치관을 받아들인다. 예를 들면 부모, 형제, 친척, 스승, 목사 그리고 권위 있고 존경받는 인물 등. 그러나 청년기에 접어들면서는 변화를 겪게 되고, 이와 더불어 의문을 품게 된다. 새로운 인간관계와 새로운 경험을 하게 되고, 독립심이 강해짐에 따라 의문점과 탐구력도 강해진다. 이는 성장과 발달의 자연스러운 일부다. 아동기를 통해 내면화된 기존의 가치관에서 벗어나는 이 기간에는 독립해나가는 과정에서 기존의 가치관에 의문을 품게

되고 개인적으로 선택한 가치관을 형성하게 된다.

(4) 태도란 우리의 행동에 영향을 미치는 학습된 경향성이나 생각들로, 가치관과 밀접한 관련성을 지닌다. 모든 사람은 특정한 사람들(부모, 스승, 친구)에 대해 어떤 구체적인 태도를 지니고 있으며, 또한 집단(예: 남성, 여성, 직업군)에 대해서도 특정한 태도를 지니고 있다. 그리고 음식이라든지 음악, 직업, 여가활동 같은 사물이나 상황에 대해서도 어떤 태도를 지니고 있다.

(5) 사람은 출생 당시에는 특정한 태도를 지니고 있지 않다. 사람들은 살아가면서 태도를 학습하고 발전시킨다. 사람들은 어떻게 태도를 배우는가? 대부분의 학습과 마찬가지로 태도 학습에서도 유쾌하거나 보상을 주는 긍정적인 상황에 대해서는 호의적으로 반응한다는 사실이 중요하다. 사람들은 불쾌하거나 방해가 되는 부정적 현상에 대해서는 좋지 않게 반응하거나 피해버리게 된다. 우리는 어떤 상황에 부딪혔을 때 과거의 경험에 비추어서 그 상황을 예견하게 된다. 사람들은 상황이 비슷하면 그 결과 역시 비슷하거나 동일할 것이라고 기대하게 된다. 일단 어떤 태도를 배우게 되면 그러한 태도는 굳어져서 습관화되는 경향이 있다. 그렇게 되면 새로운 상황이 일어날 때 깊이 생각해보지 않고 습관화된 태도를 취하게 된다.

(6) 태도는 과거 경험의 결과다. 그리고 이러한 경험의 결과로 예견이 일어난다는 점 역시 명백한 사실이다. 우리의 태도가 발전함에 따라 '일반화' 과정이 일어난다. 새로운 상황에 접했을 때도 이와 유사한 상황에서 겪었던 과거 경험에 영향을 받게 된다.

(7) 우리의 태도 가운데 '판에 박은 구태의연한' 태도와 '편견'이 있다. 편견은 호의적이거나 부정적인 선입견으로, 충분하게 검토해보거나 알아보지 않고 미리 갖게 되는 의견이나 감정, 태도를 말한다. 편견은 공정치 못한 태도다. 우리는 편견이 개인이나 집단에 향하는 적개심이나 부정적인 감정과 연관이 있다고 생각한다.

(8) 우리가 어떤 개인을 보고 판단하는 게 아니라 그 사람에게 붙여진 꼬리표에 반응할 때, 이는 편파적인 태도를 나타낸다. 사물이나 사람, 상황을 분류하면서 편견으로 인해 지나치게 일반화할 때, 이러한 결과로 판에 박은 상투적인 태도가 형성된다. 집단의 전체 구성원을 다 똑같다고 생각한다면, 편견을 갖게 되는 것이며 상투적인 태도의 덫에 걸리게 되는 것이다. 집단 내의 개개인을 고려하지 않고 집단원 전체를 '그들'이라고 한꺼번에 몰아서 이야기하거나 생각할 때, 편견이나 상투적 태도가 개입되어 있지 않나 살펴보아야 한다.

3) 가치관 명료화 과정

(1) 전통적인 가치관 교육에 대한 접근방식처럼 성인들이 자기들의 가치관을 그대로 이식 · 주입하고자 하거나 자신을 모방하게 함으로써 젊은 세대들에게 기존 성인의 가치를 배우도록 하려는 방식은 더 이상 불필요하며 비효과적이고 불합리한 접근이라고 비판한다. 따라서 모든 사람은 스스로의 가치를 형성해야 하며, 젊은 세대가 각자 자신들에게 적절한 가치관을 가질 수 있도록 돕는 방안으로 가치관 명료화 전략을 제시하고 있다.

(2) 가치관 명료화 전략이란 "덜 혼란되고, 덜 냉담하며, 덜 불일치적으로 행동할 수 있도록 변화를 초래하기 위한 목적하에 가치 유관적 사고(value-related thought)에 더 많은 시간과 에너지를 투여하도록 장려함으로써 개인적 가치와 전체적인 사회의 가치문제에 대해 더욱 의도적이고 포괄적인 사고를 할 수 있도록 도와주는 방법"을 의미한다.

(3) 즉, 아동과 청소년이 자신의 가치에 대해 명확하게 이해하고, 스스로 가치획득 과정을 통해 자신의 가치를 선택하며, 이를 존중하여 행동화하게 되는 것을 말한다. 이때 가치화 과정이란 자유로운 선택, 충분한 대안 중에서 선택,

결과를 고려한 후의 선택, 선택된 가치에 대한 존중과 소중함, 선택에 대한 확신, 선택한 가치의 행동화, 행동 반복이라는 일곱 가지 기본 과정을 포함하는 선택, 존중, 행동화 단계를 의미한다.

4) 가치관 명료화를 통한 교육적 의의

① 불명료한 행동 특성의 감소
② 일탈 및 파괴적 행동 특성의 감소
③ 자신에 대한 신뢰 및 자기규제적 특성의 증가
④ 학습 태도의 향상(적극적 참여 증진, 책임감, 학습 흥미의 증가)
⑤ 사회적 관계(대인관계, 동료와의 우애 증진, 집단응집력 증가, 타인에 대한 포용성 증대)
⑥ 학업성취의 향상(독해력과 생활 적응력 등의 향상)
⑦ 낙관적 태도, 희망, 기대감 등의 증진(문제해결에 대한 신뢰와 기대감 증진)

이와 같은 가치관 명료화 전략은 가치를 절대적인 것이 아닌 개인적인 선택의 상대적인 것으로 자신의 가치를 확인하고, 선택에 대한 확신을 가지고 지속적으로 행동화함으로써 가치관이 명료화된다고 본다.

자기점검 **나의 삶의 태도 체크리스트**

다음은 현재 삶의 태도를 진단해볼 수 있는 체크리스트다.
대학생이 된 지금 나의 삶의 태도는 어떤 상태인지 다음 질문을 자세히 읽고 질문당 1점부터 10점까지 객관적으로 점수를 매겨보시오.

구분	항목	점수
나	나는 내 이름의 뜻을 알고 있다.	
	나는 나의 강점을 잘 알고 있다.	
	나는 나에 대해 당장이라도 10가지 이상 다른 사람에게 소개할 수 있다.	
	나는 내가 날마다 발전하고 있다고 생각한다.	
	나는 나 자신이 가치 있는 존재라고 생각한다.	
	나는 내가 지닌 능력에 대해 신뢰한다.	
	나는 대부분의 다른 사람들만큼 일을 잘할 수 있다.	
	전반적으로 내 모습은 내가 이상적으로 생각하는 모습에 가깝다.	
	나는 나의 있는 모습 그대로를 사랑한다.	
	나는 나의 성장 환경, 현재의 생활 환경에 대해 만족한다.	
	합계(100점 기준)	점
태도	나는 다른 사람들로부터 긍정적이라는 말을 자주 듣는다.	
	나는 맡은 일을 적극적으로 한다.	
	나는 내가 하는 일(공부)이 즐겁다.	
	나는 내 주위의 사람들(가족, 친구 등)에게 감사하는 마음을 가지고 있다.	
	나는 오늘 밤 자기 전에 하루 동안 고마웠던 일 다섯 가지 정도는 금방 생각해낼 수 있다.	
	나는 실패를 통해서도 배울 수 있다고 생각한다.	
	나는 앞으로 내 인생이 행복한 방향으로 전개될 것이라는 낙관적인 생각을 갖고 있다.	
	나는 정직하고 언행일치가 되는 삶을 살아가려고 노력하고 있다.	
	나는 하고자 하는 일이 잘 진행되지 않을 때 포기하기보다는 극복하려고 노력한다.	
	나는 다른 사람에게 친절하다는 소리를 자주 듣는다.	
	합계(100점 기준)	점
시간	나는 평소 우선순위를 정한 후 중요한 일을 먼저 한다.	
	나는 시험 기간에 미리 공부할 과목의 순서와 시간 계획을 세워서 준비한다.	

구분	항목	점수
시간	나는 시간 약속을 잘 지킨다.	
	나는 내가 할 일은 반드시 내 손으로 책임지고 처리한다.	
	나는 해야 할 과제나 공부 등을 미루지 않는다.	
	나는 더 중요한 일을 충실히 하기 위해 중요하지 않은 일을 과감히 포기할 수 있다.	
	나는 똑같은 일을 하더라도 다른 사람보다 이른 시간 내에 효과적으로 처리하는 편이다.	
	나는 과제의 기한을 반드시 지켜 제출한다.	
	나는 해야 할 일이 있을 때는 스마트폰을 자제할 수 있다.	
	나는 공부, 여가, 일에 시간을 적절히 배분하여 생활한다.	
	합계(100점 기준)	점
소통	나는 다른 사람들의 좋은 점에 대해 잘 표현한다.	
	나는 하고 싶은 말을 하되, 상대방의 감정을 해치지 않으려고 노력한다.	
	나는 나와 다른 의견을 말하더라도 상대방을 비난하지 않는다.	
	나는 대화 중에 이해되지 않는 부분이 있으면 솔직하게 말하고 확인한다.	
	나는 다른 사람과 대화할 때 중간에 말을 끊지 않고 끝까지 듣는다.	
	나는 수업 중에 궁금한 것이 있으면 혼자서만 고민하지 않고 교수님께 적극 질문한다.	
	나는 고마운 마음이 있으면 상대방에게 말이나 행동으로 직접 표현한다.	
	나는 나의 실수로 인해 상대방이 불쾌하다면 즉시 사과한다.	
	나는 하고 싶은 말이 있을 때 요지를 정확히 전달한다.	
	나는 수업 중 필요하다면 적극적으로 발표에 나서서 자신 있게 말한다.	
	합계(100점 기준)	점
대인 관계	내게는 처음 만난 사람에게 호감을 줄 수 있는 요소가 많다.	
	내게는 힘든 일이 있을 때 밤 12시에 연락해도 기꺼이 나와줄 친구가 있다.	
	나는 앞으로 내가 진출할 분야의 인물을 필요한 만큼 알고 있다.	
	내 주위에는 이성 친구로 사귀고 싶은 사람이 있다.	
	내게는 고민이 있을 때 상의할 선배나 선생님, 멘토가 있다.	
	내게는 곤경에 처했을 때 발 벗고 나서서 도와야 할 사람이 있다.	
	내게는 진정으로 충고해줄 친구가 있다.	
	나는 부모님과 소통을 잘한다.	

구분	항목	점수
대인 관계	나는 과거에 수강한 수업의 선생님(교수님)과 지금도 연락한다.	
	나는 친구와 갈등이 생길 경우 해결하는 방법을 알고 있고, 해결하고자 노력한다.	
	합계(100점 기준)	점
비전	나는 10년 후의 내 모습을 당장 설명할 수 있다.	
	나는 당장이라도 내가 이루고 싶은 꿈 10개를 말할 수 있다.	
	나는 내가 어떤 사람으로 기억되기 원하는지 확실히 말할 수 있다.	
	나는 내 꿈을 기록해놓고 자주 바라본다.	
	나는 평소 지난 일에 대해 후회하지 않는다.	
	나의 전공은 내 적성과 잘 어울린다.	
	내 전공을 통해 내 꿈을 반드시 이룰 수 있을 거라고 확실히 믿는다.	
	나에게는 나의 모든 시간과 돈, 에너지를 집중해서 쏟아부을 목표가 있다.	
	나는 내 앞길이 참 막막하다고 생각할 때가 거의 없다.	
	나는 직업과 직장을 선택할 때 그것이 내 비전에 맞는지를 최우선시할 생각이다.	
	합계(100점 기준)	점
역량	나는 자격증 시험을 준비하거나 응시한 적이 있다.	
	나는 교내 장학금의 종류와 지급 조건을 알고 있다.	
	나는 교내에서 제공하는 각종 프로그램에 참여한 적이 있거나 참가할 의향이 있다.	
	나는 한 달에 1권 이상의 책을 읽는다.	
	나는 국내외 정세를 파악하고자 뉴스나 신문을 본다.	
	나는 문화 활동에 시간을 투자한다.	
	나는 나만의 취미 생활이 있다.	
	나는 꾸준히 공부하고 있는 외국어가 있다.	
	나는 역량개발을 위한 구체적인 계획을 세우고 있다.	
	합계(100점 기준)	점
직업과 취업	나는 나의 비전과 적성, 능력에 맞는 직업을 이미 찾아냈다.	
	나는 현재 전공이 나의 꿈을 이룰 기반이 될 것으로 확신한다.	
	나는 졸업 후 취업할 곳을 어느 정도 구체적으로 정해놓고 있다.	
	나는 미래의 내 직장에 관해 계속 연구하고 있다.	
	나는 내가 원하는 직업을 갖기 위한 과정과 자격 조건, 평균 연봉을 알고 있다.	

구분	항목	점수
직업과 취업	나는 취업을 위해 무엇을 언제까지, 어느 정도까지 업그레이드하겠다는 구체적인 자기계발 목표를 가지고 있다.	
	나는 현재 그 목표를 착실히 준비하고 있으며 성과가 있다.	
	나는 직업을 통해 이루고 싶은 목적 가치가 있다.	
	나는 나에게 맞는 직업을 선택하는 방법을 알고 있다.	
	나의 직장 선택의 최우선 조건은 월급 수준이라고 말하지 않을 자신이 있다.	
	합계(100점 기준)	점

• 나의 삶의 태도 결과

구분	점수	
나	점	항목당 100점 기준
태도	점	
시간	점	
소통	점	
대인관계	점	
비전	점	
역량	점	
직업과 취업	점	

① 8개 항목 중에서 점수가 상대적으로 높은 항목은 무엇인가?

② 8개 항목 중에서 점수가 상대적으로 낮은 항목은 무엇인가?

③ 나의 삶의 태도 결과를 보고 내가 현재 대학생으로서 보완해야 할 부분은 무엇인가?

④ 현재 이러한 삶의 태도를 지니고 살아간다면 10년 후 나의 모습은 어떠할까?

⑤ 이번 학기를 마친 후 또는 1년 후 삶의 태도를 진단할 경우 어떤 변화가 있기를 기대하는가?

※ 나의 삶의 태도 체크리스트는 한 학기 혹은 한 학년을 마친 후 다시 측정해보고 현재 점수와 비교하여 그 변화를 알아볼 수도 있다.

2. 활동 프로그램

1) 개요

항목	내용
주제 및 제목	• 가치관 경매 • 내게 소중한 것 찾기(가치관 게임)
목표	• 자신의 행동이나 전체 생활에 영향을 미치는 주요한 가치관을 확인해본다. • 원하는 것을 얻기 위해서는 상황 파악, 계획, 노력이 뒤따라야 함을 체험한다. • 가치 선택의 경험을 다양하게 가질 수 있다. • 스스로 갖고 있는 가치관과 가치의 서열을 명확히 하여 스스로 확인하는 데 의의가 있다.
전체 소요 시간	• 총 60~120분
준비물	• 활동지, 필기구, 가치관 목록, A4용지(12분할), 가위, 풀
점검사항	• 경매에 대해 잘 모르는 사람에게는 이해할 수 있도록 간단히 설명해야 하며, 경매자는 경매에 부칠 때 흥미를 돋울 수 있게 한다. • 필요한 경우 가치관 목록에서 모든 항목을 이해하도록 충분히 설명하며, 참여한 구성원의 합의하에 몇 가지 항목을 추가할 수 있다. • 가치는 주관적이라는 것을 인식할 수 있도록 돕는다.

2) 진행 방법

진행 단계	활동 내용	유의사항	시간	자료
도입	**가치관 경매** ① 참여한 구성원들이 가치관 경매 목록이 적혀 있는 활동지를 돌아가면서 읽는다.			

진행 단계	활동 내용	유의사항	시간	자료
도입	② 각각 가장 중요하다고 생각하는 가치관을 다섯 가지 골라 중요한 순으로 적는다. ③ 참가자 각자가 똑같은 액수의 돈(협의하여 정함. 100만 원 또는 1억 원)을 가지고 있다고 가정하고, 사고 싶은 가치관을 골라 ①번 난(나의 할당 금액)에 배정한다(가지고 있는 돈을 모두 할당함). ④ 경매자를 선정하고(교수자가 직접 경매자가 될 수 있고, 보조 진행자 또는 참가자 중 선정해도 됨) 경매에 부친다(경매자가 참여 구성원인 경우 입찰에 참가함). 특정 가치관 항목에서 입찰자가 복수이면 적절한 금액 단위로 가격을 올려 나간다. ⑤ 매입자가 결정되면 ②와 ③ 난에 기입한다. ②번은 매입을 원하는 사람만, ③번 난은 낙찰자만 기입한다. 상황 파악을 위해 참가자 모두 ③번 난에 낙찰자와 낙찰액을 적어둔다. 만일 경매가 모두 끝나고도 남은 돈이 있으면 모두 회수해가겠다고 알려준다. ⑥ 경매가 모두 끝나면 ②번 난의 예산 편성과 밑의 다섯 가지 중요 가치관과 일치 여부를 알아보고, 아울러 입찰 수와 낙찰 수도 비교해본다. ⑦ 중요한 가치관 다섯 가지, 예산 편성 수, 입찰 수, 낙찰 수, 남은 돈 등을 비교해가며 자신의 행동, 생각, 느낌을 이야기한다.	① 경매에 대해 잘 모르는 사람에게는 이해할 수 있도록 간단히 설명해야 하며, 경매자는 경매를 부칠 때 흥미를 돋울 수 있게 한다. ② 가치관 경매 목록에 포함되지 않았으나 더 추가하고 싶은 가치관이 있는지 여부를 물어 추가하여 시작해도 좋다.	20~30분	가치관 목록, 필기구, 활동지
전개	**내게 소중한 것 찾기** ① 종이를 12조각으로 자른다. ② 12장의 종이만 남기고 책상 정리 후, 종이를 모은다(순서 관계없음). ③ 1~12번을 채운다. ④ 우리는 누구나 자신이 원하는 모든 것을 다 가지고 살 수 없다. 잘 생각해보고 선택하자. 안타깝지만 어쩔 수 없이 포기해야 할 것 4개를 골라 책상 위에 버리자(버린 종이를 책상 위쪽에 글자가 보이도록 가지런히 배열한다). ⑤ 4개를 포기하고 버린 후에 다시 나머지 8개를 들고, 버린 4개를 살펴보면서 후회는 없을까 생각해본다. ⑥ 3개를 더 버린다. ⑦ 2개를 더 버린다. 이제 3장밖에 남지 않았고, 모두 내게 정말 중요한 것들이다. 눈을 감고 세 가지 가치를 깊이 있게 비교해보자.	① 개인 활동이므로 참여자 간 적절한 간격을 떼는 것이 좋다. ② '내 인생의 주인공은 나'라는 생각을 가지고 남의 선택에 간섭하지도 관심 갖지도 말고 내 것에만 집중하도록 한다.	30~50분	A4용지(12 분할), 필기구, 가위, 종이

진행 단계	활동 내용	유의사항	시간	자료
전개	⑧ 1개를 더 버린다. ⑨ 마지막으로 1개를 더 버린다. 최후에 남은 하나의 가치가 아마도 여러분의 인생관 혹은 삶의 목표일 것이다. 정말로 그 하나를 위해 다른 모든 것을 포기할 수 있는지, 그만큼 중요한 것인지 다시 한번 잘 생각해보자. ⑩ 2장의 종이를 버린 순서 모양대로 활동지에 붙이거나 그려 넣자. 단계별로 그것을 버린 이유를 한 줄씩 옆에 적는다. 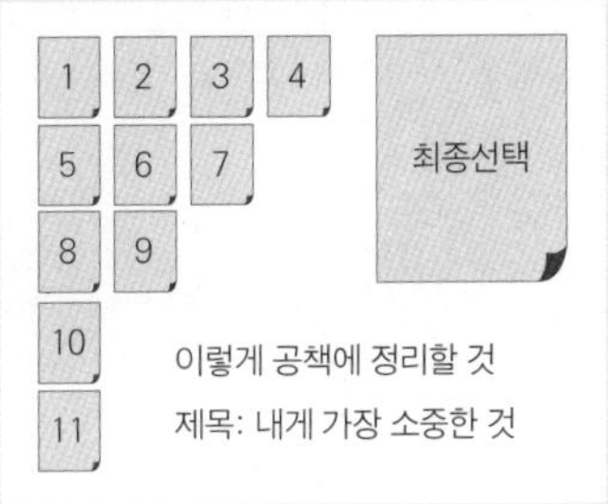 1 2 3 4 최종선택 5 6 7 8 9 10 이렇게 공책에 정리할 것 11 제목: 내게 가장 소중한 것 1, 2, 3, 4 → 처음 버린 것 5, 6, 7 → 두 번째 버린 것 8, 9 → 세 번째 버린 것 10 → 네 번째 버린 것 11 → 다섯 번째 버린 것 ⑪ 마지막 남은 가치에 대해 전체가 마무리 나누기를 한다. ⑫ 본활동에서 이루어진 작업에 대해 함께 느낌을 나눈다.			
마무리	**종합토론** ① 교수의 지도하에 전체 참가자들이 프로그램을 통해 배운 점과 시사점을 나누어 갖는다. ② 자신의 태도를 정리해볼 기회가 된다. 즉, 자신이 생각하는 가치관과 실제 생활에서의 가치관이 다를 수 있다. 실제 가치관은 자신이 되풀이하는 정도, 시간, 돈, 노력 등을 투자하는 정도에 의해 결정된다. 정도가 낮은 것은 하나의 소망, 의견, 생각 등에 불과할 수 있다. ③ 자신의 가치관을 탐색하고 확립하기 위해 노력할 점을 정리할 기회가 된다. 이로써 충동구매, 상황 파악, 판단 미숙 등에 대해 재다짐한다.	가치는 개인마다 주관적이므로 자신과 가치가 다르다고 해서 평가하거나 비판하지 않는다.	5~10분	

3) 활동지

(1) 가치관 경매

가치관 목록	① 나의 활동 금액	② 나의 최고 입찰액	③ 최고 낙찰액
1. 만족스러운 결혼(결혼)			
2. 원하는 것을 할 수 있는 자유(개인적 자율성)			
3. 나라의 운명을 좌우할 기회(권력)			
4. 친구의 존경과 사랑(사랑, 우정)			
5. 삶을 긍정적으로 볼 수 있는 완전한 자신감(안정감)			
6. 행복한 가족관계(가정)			
7. 세상에서 가장 매력적인 사람으로 인정받음(용모)			
8. 병 없이 오래 사는 것(건강)			
9. 개인 전용의 완벽한 도서실(지식)			
10. 만족스러운 종교적 신앙(종교)			
11. 전적으로 즐길 수 있는 한 달간의 휴가(여가)			
12. 일생 동안의 경제적 보장(안정)			
13. 편견 없는 세상(정의)			
14. 질병과 궁핍을 제거할 기회(애타심)			
15. 국제적 명성과 인기(인정, 명예)			
16. 삶의 의미에 대한 이해(지혜)			
17. 부정과 속임이 없는 세상(정직)			
18. 직장에서의 자유(직업적 자율성)			

가치관 목록	① 나의 활동 금액	② 나의 최고 입찰액	③ 최고 낙찰액
19. 진정한 사랑의 관계(사랑)			
20. 선택한 직업에서의 성공(직업적 성취)			
21.			
22.			
23.			

(2) 가치관 게임: 내게 소중한 것

1. 나를 제외한 우리 가족과 친척 중에서 내게 가장 중요한 사람 (이름이나 호칭)	2. 가족과 친척 중에서 중요한 사람	3. 가장 소중한 친구
4. 내가 가장 존경하고, 닮고 싶은 사람(난 이 사람처럼 되고 싶어요!) 예 해리포터처럼 실제 사람이 아니어도 됨	5. 내가 정말 갖고 싶은 멋진 직업 한 가지(난 꼭 이런 일을 하면서 살 거야!)	6. 내게 자유를 준다면 매일매일 하고 싶은 일 예 축구하기, 영화 보기, 여행하기 등

7. 내가 꼭 갖고 싶은 것(실제로 존재하지 않는 것도 됨) 예 과제 대신해주는 로봇 등	8.	9.
10.	11.	12. '나 자신'이라고 쓴다.

※ 8, 9, 10, 11에는 다음의 16가지 중 4개를 골라 각 칸에 하나씩 써 넣으세요.
사랑, 정의, 우정, 믿음, 명예, 힘, 돈, 건강, 행복, 종교, 편안함, 재미, 꿈, 정직, 우등생, 봉사

3. 후기

1) 자신의 행동이나 전체 생활에 영향을 미치는 주요한 가치관(소중하게 생각하는 것)을 써보자.

2) 이런 가치관을 얻기 위해 어떤 계획과 노력이 필요한지를 기술해보자.

3) 실습 프로그램 체험 후 느낀 점을 간단히 써보자.

※ 다음 주 자기이해와 자아발견 II : '자기설계' 시간의 '자기 역할모델 액자 만들기'에 준비할 사항(역할모델 사진, 액자 꾸미기 도구 등)을 반드시 주지시킨다.

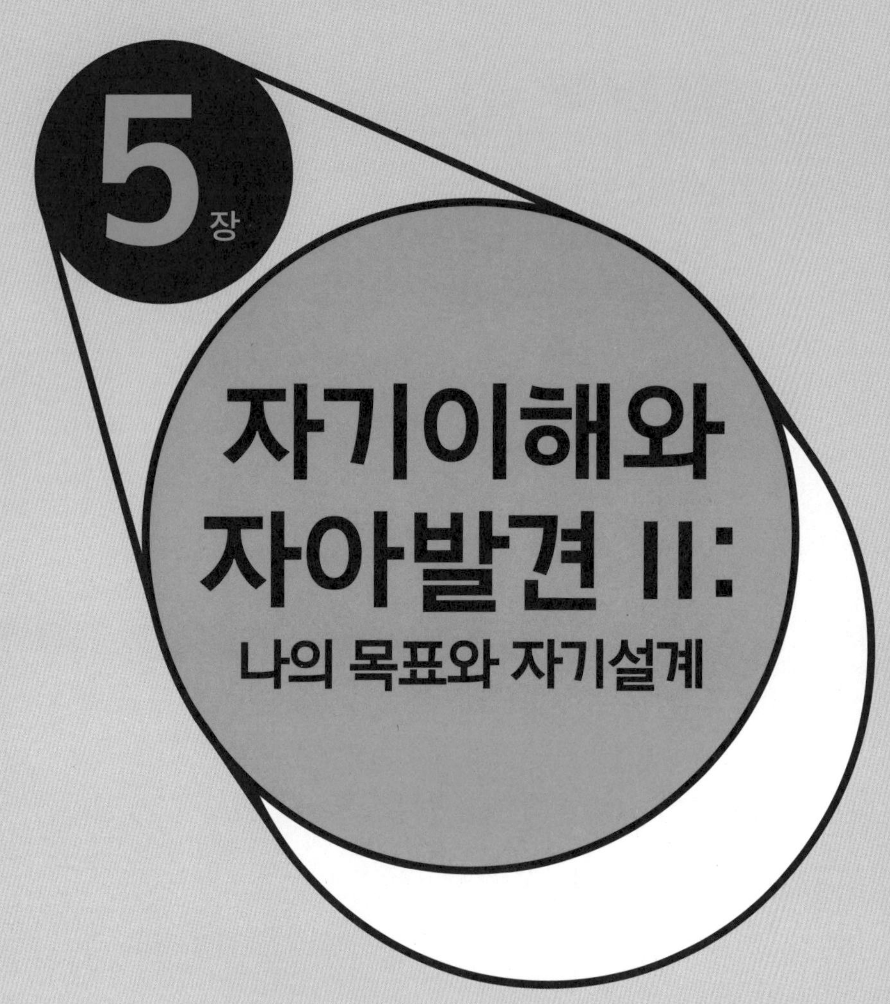

5장 자기이해와 자아발견 II: 나의 목표와 자기설계

학습목표

자기성찰과 자기이해 과정을 통해 과거의 나를 발견하고 현재의 나를 통해 좀 더 나은 미래의 나를 준비해간다.

나는 누구인가

삶이 어떤 길을 걸어가든지
늘 그대가 어디로 가고 있는가를 생각하라.
그리고 '나는 누구인가'라는 근본적인
질문에서
달아나지 말라.
슬프면 때로 슬피 울라.
그러나
무엇이 참 슬픈가를 생각하라.
그대가 어디로 가고 있는지도 모르고,
또 자신이 누구인가를 알려고 하지 않는 것,
그것이 참으로 슬픈 것이다.

- 류시화(2009),『삶이 나에게 가르쳐 준 것들』중에서

1. 나의 인생은 어디로 갈 것인가?

사람들은 목표를 정하는 데 심사숙고한다.

> "나는 오늘을 위해 산다. 내일 내가 이 자리에 있을지 누가 알 수 있으랴."
>
> "목표를 정해야 할 때 나는 마치 로봇 같은 느낌이 든다. 모든 것이 너무 기계적으로 결정된다."
>
> "목표설정에서 나의 자유의사는 허용되지 않는다. 나는 독립적인 인간이 되고 싶다."

이런 발언들은 목표설정을 회피하는 데 이용된다. 창의적이고 현실적인 목표는 당신이 독립적인 존재가 되고, 현재의 삶을 충실히 살아가도록 돕는다. 더 나아가서는 미래의 삶 역시 돕는다. 어느 날 아침 일어나서 "나는 지금까지 무엇을 해왔는가? 내 인생은 어디로 가고 있는가?"라고 질문하는 사람은 순간을 위해 미래를 희생해온 사람일 것이다. 그러나 세상은 순간적인 기쁨과 행복뿐만 아니라 지속적인 재평가, 계획, 그리고 노력과 사고를 요구한다.

1) 계획

(1) "만약 지금 자신이 어디로 가고 있는지 모른다면 아마도 엉뚱한 장소에서 자신의 인생이 끝날지도 모른다."

(2) 오늘의 결단과 계획은 내일 자신이 있을 장소를 결정해줄 뿐만 아니라 5년,

10년, 20년 후의 방향도 제시해줄 것이다. 성취 가능한 특수한 현재의 목표를 정하고, 이를 통해 작은 목표를 성취하고, 작은 목표성취를 통해 단기적인 목표를 이룩해나가면서 장기목표를 예견해나간다면, 융통성 있고 실천 가능한 장기적인 목표를 세우고 실천할 수 있게 될 것이다. 지금 여기서 매일매일의 삶을 살아가고 있다는 것은 우리가 장기적인 목표를 지니고 있지 않다는 의미는 아니다. 현실에 충실한 삶은 선택의 기회를 높여주고 "내가 무엇을 하고 있는가?"에 대한 해답을 제공해준다.

(3) 목표는 확대된다. 하나의 작은 목표를 달성하지 않고서 갑자기 최종목표에 도달할 수는 없다. 우리는 하나의 목표를 이루고 난 후, 또 다른 목표를 추구하게 된다. 캠벨(Campbell)은 삶을 끝이 없는 오솔길에 비유했는데, 이 길을 따라가면서 우리의 선택에 따라 옆길로도 갈 수 있고 지름길로도 갈 수 있다. 이런 옆길이나 지름길이 우리에게 열릴 수도 있고, 닫혀있을 수도 있다. 새로운 선택에 직면할 때 이제까지 걷던 길을 택할 것인지, 새로운 길을 선택할 것인지 결정할 때 영향을 미치는 두 가지 요인이 있다. 첫째는 자격이고, 둘째는 동기다.

(4) 자격(교육, 훈련, 기술 등)을 갖고 있다면 새로운 선택을 하고 새로운 길을 걸어갈 수 있을 것이다. 자격이 없다면 동기가 있든 없든지 간에 그 시점에서 문들은 닫혀있게 된다. 다시 말해 당신이 그러한 선택을 원하는 정도와 상관없이 준비가 안 된 상태라면 그런 길은 열리지 않을 것이다. 당신의 자격은 교육이나 기술 분야에만 제한되지 않고 대인관계의 기술, 경험, 작업 습관, 유용한 다른 능력 역시 중요하며, 이런 자격 역시 문이 열리는 데 도움이 될 것이다.

(5) 목표설정을 하는 계획단계는 매우 중요하다. 당신이 미래 인생 항로의 지도를 그릴 수는 없겠지만 당신이 가치 있게 여기는 것, 인생에서 바라는 것, 그런 소망을 성취하기 위해 할 수 있는 것을 결정할 수 있고, 이에 따라 계획을 세워나갈 수 있다.

(6) 우리가 원하는 것을 얻기 위해 공간을 만들려면 시간과 정열, 자본을 투자해

야 하며 많은 준비 작업을 해야 한다. 예를 들면 정원 가꾸기를 원할 때, 무엇보다 먼저 공간을 확보해야 한다. 땅을 준비하고, 이를 일구어낼 도구를 구하고, 잡초 뿌리와 바위를 없애는 작업을 몇 번씩 해야 한다. 그러나 정원은 저절로 가꾸어지는 것이 아니다. 그다음으로는 씨를 뿌리고 골을 내고 잡초를 뽑고 정원에 비료를 공급해야 한다. 이렇게 정원 가꾸기처럼 우리도 원하는 것을 위해 공간을 만들고 씨를 뿌려야 한다. 모두 싹이 터서 성장할지 확신할 수 없기 때문에 많은 씨를 뿌려야 한다. 어떤 공간에 심은 씨는 결실을 보지 못할지도 모른다. 우리가 뿌린 씨를 모든 수확하는 것이 아니라 부분적으로만 거둬들이게 되며, 이러한 경험을 통해 우리는 성장하게 된다. 새로운 기회의 문은 열려있고, 새로운 길을 택할지 어떨지는 우리에게 달려있다.

(7) 당신이 5년, 10년, 20년 후 어디에 있게 될지는 알 수 없지만, 미래의 꿈과 이상은 갖고 있을 것이다. 오늘 심은 씨앗은 행운이나 운명에 의해서가 아니라 당신 스스로의 힘으로, 당신이 원하는 장소로 가는 것을 도울 것이다.

(8) 10년 후 당신은 직업, 인간관계에서 어떤 위치에 있기를 꿈꾸는가?

2) 역할모델

(1) 역할모델이 의미하는 것은 무엇인가? 누구나 닮고 싶은 사람이 있다. 대부분의 사람은 인생의 스승이 있기 마련이다. 스승은 어린 시절 많은 시간을 함께 보내며 자기도 모르게 따라가고 싶은 역할모델이 된다. 역할모델(Role Model)이란 "자신이 가고자 하는 역할이나 마땅히 해야 할 본보기"를 말한다. 인생의 나침반이 되어주셨던 인생의 스승을 역할모델로 삼는 것은 매우 중요하다. 역할모델을 정하는 순간 자신도 모르게 닮아가고 있음을 느낄 수 있을 것이다.

(2) 예를 들면, 세계적인 바둑기사 이창호에게 조훈현이라는 역할모델이 없었더

라면 오늘날의 그가 존재하기 어려웠을 것이다. 조훈현은 만 4세 때부터 바둑 알을 잡았고, 겨우 9세에 입단하여 더 큰 곳에서 배우고자 일본으로 건너가 바둑으로 세계 정상이 되었다. 그는 이창호라는 거물을 키워낸 좋은 스승이다. 조훈현은 그때까지 제자를 받지 않았지만, 일찍이 '떡잎'을 알아보고 특별히 이창호를 자신의 집에 살게 하면서 바둑을 가르치게 된다. 제자는 스승을 쏙 빼닮는다. 이창호는 많은 부분에서 조훈현을 닮았다. 어린 시절부터 두각을 나타낸 것부터 세계 정상을 지키는 것조차 똑같다.

(3) 무엇인가 발전하기 위해서는 닮아가는 과정이 중요하다. 목표지향점으로 삼아 마음씨, 태도, 행동의 '닮음'을 통해 점진적으로 성장하게 되는 것이다. 진정으로 성장하고 싶다면 역할모델을 결정해야 한다. 하지만 아무나 역할모델로 결정하는 것은 오히려 위험하다. 역할모델은 자신이 성장할 수 있게끔 환경을 만들어주고, 바른 길로 안내해주고, 나아갈 길을 제시해주어야 한다.

(4) '어디로 가야 하나요?', '어떻게 해야 할까요?' 주변의 학생과 직장인들로부터 자주 듣는 질문이다. 누구든 더 많은 돈을 벌고, 더 높은 지위를 원한다. 원하는 지위만큼 자신의 스타일에 맞는 역할모델을 찾아야 한다. 누군가를 의도적으로 역할모델로 삼지 않으면 자신이 가장 싫어하는 사람을 닮아갈지도 모른다. 가장 좋은 방법은 내 주변에서 역할모델을 찾는 것이다. 하지만 학교 선생님, 교수님, 직장 상사, 선배, 유명인 등 닮아가고 싶은 역할모델을 찾는 것이 생각만큼 쉽지는 않을 것이다.

(5) 인생의 좌표 설정에서 역할모델의 중요성은 아무리 강조해도 지나치지 않다. 하지만 불행히도 역할모델을 갖지 못하는 경우가 많다. 우리 사회에는 이유야 어찌 되었든 다른 사람의 장점을 부각시켜 닮아가는 역할모델 방식보다 단점을 지적해 깎아내리는 페널티 방식이 더 보편화되어 있다. 헬렌 켈러에게 설리번 선생님이 좋은 모델이 되었듯이 '롤모델링(Role Modeling)'이란 고지식한 백과사전 속에만 갇혀 있는 게 아니라 살아 움직이는 것이 되어야 한다.

(6) 리더십의 대가 워렌 베니스는 이렇게 말한다. "자기 스스로 어떤 사람이 되어야 할 것인지를 결심하는 순간 리더가 되기 시작한다. 시작하지 않으면 모든 시도는 100% 빗나가버린 것이다." 무엇보다 어떤 방향으로 성장할 것인가를 결정해야 한다. 역할모델의 출발점은 '어떠한 역할을 해야 하는가?'라는 질문에서 시작한다.

(7) 혹시 고흐의 역할모델이 밀레라는 사실을 아는가? 어느 날 잡지에서 장 프랑수아 밀레의 목판화를 보고 빈센트 반 고흐는 색을 입히고 자신만의 그림을 그리게 된다. 밀레의 그림을 따라 그리고, 밀레의 삶을 닮아가고자 탄광촌 생활까지 경험한다. 고흐는 밀레를 역할모델로 삼아 스승을 뛰어넘는 세계적인 화가로 알려지게 되었다. 직접 만난 적은 없지만, 자신이 되고자 하는 역할모델을 상상하고 그와 같이 생각하고 결심하고 행동이 닮아가도록 노력했다. 이런 롤모델링은 더욱 풍요로운 삶을 영위할 수 있도록 도와줄 것이다.

자신만의 역할모델을 찾는 방법

첫째, 선장 같은 존재를 찾아라.

험난한 인생의 항로에서 가장 우선적으로 요구되는 것은 방향을 설정하는 역할이다. 추구해야 할 방향이 잘못되었다면 시간과 비용 등을 낭비할 뿐만 아니라 좋지 않은 결과만 얻을 것이다.

둘째, 지속적인 자극제를 찾아라.

시대와 환경이 변하듯 역할모델의 모습도 함께 변해야 하는데, 자신이 어떻게 변화해야 하는지에 대한 방향 설정과 더불어 그 방향대로 변화할 수 있도록 역할모델은 지속적으로 지원하고 격려하고 변화시켜야 한다. 지속적인 자극은 변화를 촉진할 근거와 아이디어를 만들어낸다. 이런 방향성에 대한 당위성을 보고 긍정적으로 변화하도록 촉진하는 역할을 해야 한다.

셋째, 견인차 역할을 하라.

가장 중요한 역할은 구성원들의 잠재력을 불러일으킨다는 점을 잊지 말아야 한다. 역할모델은 우선적으로 장기적인 관점에서 선택해야 한다. 단순히 즉흥적인 결정보다는 거시적 관점에서 자신을 육성시킨다는 것을 염두하고 관리해나가야 한다. 이러한 구성원들의 잠재력 육성은 현재의 성과 지향이 아닌 미래의 성과를 지향한다는 점에서 의의가 있다. 자신만의 역할모델은 성장으로 이끄는 견인차 역할을 할 것이다.

자료 출처: ©윤영돈 윤코치연구소(yooncoach.com)

3) 목표설정

다음은 목표설정 시 고려해야 할 사항이다.

① 목표를 설정할 때 고려해야 할 첫 번째 사항은 스스로 목표를 세우는 것이다.

설정된 목표가 당신이 진정으로 원해서 설정된 것인가? 진정으로 원하는지 자신에게 물어보라. 그것이 타인의 생각일 수도 있다. 지금 당신은 그 목표를 원하고 있는가? 그런 목표를 달성하기를 바라고 있는가? 어떤 사람들은 다른 사람에 의해 설정된 다른 사람의 목표를 이루려고 노력하면서 제자리에서 맴돌고 있는 것을 발견한다. 이런 경우에는 목표를 위해 진정으로 노력하지 않을 것이며, 당연히 목표를 성취하지 못하게 될 것이다. 반드시 당신의 목표여야 하고, 그것이 이루어지기를 당신 자신이 갈망해야 한다.

② 목표는 구체적이어야 하고, 시간 조건이 명시되어야 한다.

"2주일 이내에 체중을 2kg 줄이겠다"와 같이 목표는 구체적이고, 실질적인 시간이 명시되어 있다.

③ 목표는 현실적으로 달성 가능해야 한다.

"일주일 내에 체중을 5kg 줄이겠다"라는 목표는 성공 가능성도 의심스럽지만, 신체 건강을 생각해볼 때 매우 비현실적이다. 이러한 목표설정은 부정적인 자아상을 굳히는 결과를 가져온다. 실현 불가능한 목표를 설정할 때 우리는 항상 "할 수 없을 거라고 알고 있었다"라고 결론 내리게 되고, 그러한 예견은 적중한다.

④ 목표는 자신의 가치체계와 일치해야 한다.

목표 달성이 당신 자신의 가치체계와 조화되어야 하므로 그것이 당신 자신에게 가치 있는 것인가를 검토해봐야 한다.

"목표의 결과가 무엇인가?", "목표 달성에 요구되는 투자는 어느 정도인가?"라는 물음은 고려할 만한 좋은 질문이다.

⑤ 목표는 짧고 단순하게 정한다.

가끔 우리는 복잡하게 얽힌 목표 때문에 꼼짝 못 하게 된다. 목표를 분명하고 단순하게 정하고, 중요한 것을 목표로 정하는 것이 필수다.

⑥ 목표는 측정 가능하고, 관찰 가능하며, 보고 가능한 것이어야 한다.

"나는 내 상태가 좋아지기를 바란다"라는 목표는 측정할 수도, 관찰할 수도 없다. "영어회화반에서 점수를 D에서 B로 올리겠다"라는 목표는 측정 가능하다. "나는 이번 주 동안 학급에서 세 번 발표하면서 나의 소극성을 극복하기 시작했다"라는 진술은 관찰 가능하며 보고 가능하다.

⑦ 평가하라.

목표를 이루지 못했다면 당신 자신에게 그 이유를 물어보라. 부족한 점을 찾아 보완하고, 목표를 달성하지 못했다면 목표변경을 고려해보라. 그리고 이러한 경험에서 습득한 학습을 귀중하게 여겨야 한다. 목표를 재조정하는 경험 역시 긍정적이다. 이러한 태도에 따라 변화가 뒤따라올 것이다.

• 다음의 진술을 목표설정 기준에 따라 다시 표현해보자.

① 나는 좋은 직장을 얻기 바란다.

→ ______________________________

② 나는 타이핑하는 기술이 늘기 바란다.

→ ______________________________

③ 내 인생이 행복해졌으면 좋겠다.

→ ______________________________

④ 학교를 졸업하면 좋은 직장을 갖고, 이 도시에서 자리 잡으면서 돈도 많이 저금하고 여행을 많이 하겠다.

→ ______________________________

4) 기호와 능력의 평가

자기 자신의 일에 매여 있다고 느끼는 사람과 일에서 성취감과 기쁨을 맛본다고 느끼는 사람들 간의 가장 두드러진 차이 가운데 하나는 자신이 하는 일을 좋아한다는 것이다. 당신이 하는 일을 좋아하고, 잘해내고 있으며, 긍정적인 작업 태도를 가지고 있을 때 일에 만족감을 느끼게 될 것이다.

자기점검 역할모델 찾기

① 나의 꿈은 무엇인가? 혹은 무엇이었나? 그리고 현재는 무엇을 꿈꾸고 있는가?

② 나는 어떤 유형의 인물이 되고 싶은가?(내적, 외적으로)

③ 어떤 사람으로 평가받고 싶은가? 어떻게 보여지고 싶은가?

④ 내가 진출하고자 하는 분야에서 성공한 사람을 찾아보자. 그리고 그(녀)의 직업생활이나 일상의 삶에 관한 자료를 모으라.

⑤ 그(녀)의 무엇이 성공하게 했을까?(내적, 외적으로)

⑥ 자신의 역할모델로 삼고 싶은 것들은 어떤 부분인가?(내적, 외적으로)

2. 나의 대학 생활은?

지금까지 우리는 가정과 학교라는 2개의 차로를 달리며 살아왔다. 대학생이 되면 이외에도 사회라는 새로운 차로를 하나 더 개발하여 확장해야 한다. 대학을 졸업하고 취업하면 직장생활이라는 새로운 차로가 생긴다. 이때부터 사회의 차로는 더욱 넓어진다. 즉 우리의 인생은 가정, 직장, 사회라는 3개의 차로를 달려가게 된다. 진정한 성공은 이 세 차로에서 얼마나 행복하게 달리고 있느냐에 있다. 행복한 주행은 좋은 차, 충분한 연료, 넓은 고속도로의 합작품이다. 간혹 예상치 못한 사고가 생겨 여행에 차질이 생기기도 하지만, 행복한 주행을 위해서는 충분한 준비가 최선일 것이다.

대학 생활은 행복한 성공을 예측하는 매우 중요한 과정이다. 대학 생활을 잘하려면 고등학교 때와 무엇이 달라졌는지를 빨리 파악하고 거기에 맞춰 행동해야 한다. 이것이 적응이다. 이의용(2014)은 대학 생활에 잘 적응하려면 지식적인 자립, 심리적인 자립, 사회적인 자립, 경제적인 자립이 필요하며, 이를 잘하기 위해서는 다음의 네 가지가 필요하다고 했다.

① 망원경: 언제나 그다음을 예상하고 예측하고 준비해야 함
② 잠망경: 현재 자신이 위치한 우물 안을 세상 전부로, 세상의 중심으로 착각해서는 안 되고, 지금 여기서 보이지 않는 세상도 볼 줄 알아야 함
③ 사이드미러: 앞만 보고 혼자 달리지 말고 다른 사람들과도 협력하고 경쟁도 해야 함
④ 돋보기: 현재의 자기 모습을 확대해서 볼 줄 알아야 함

1) 고등학교, 대학교, 직장생활의 차이

고등학교	대학교		직장
타율, 수동	자율, 능동	하고 싶은 일 선택	해야 할 일 찾기
교사 주도	스스로	돈 내고 다님	돈 받고 다님
학부모 주도	내가 주도	學力이 중요함	學力, 學歷이 모두 중요함
오직 공부	공부+α	배움	배운 것 활용
좁은 선택	넓은 선택	학생증	명함
입시를 위한 공부	인생을 위한 공부	남의 시선을 의식해서 다님	힘들고 자존심 상해도 다님
좁은 인간관계	넓은 인간관계	선택한 인간관계	주어진 인간관계
부모의 전폭적인 지원	부모, 나 책임 분담	노트 필기	다이어리 메모
미성년자	성년자	직장인이 부러움	학생이 부러움
입시	입사(취업)	꿈꾸는 곳	꿈 깨는 곳

2) 대학생의 유형

다음은 요즘 대학생의 유형별 특징을 제시한 것이다. 여러 유형의 장점을 잘 조합해본다면 더욱 성공적인 대학 생활을 할 수 있을 것이다. 자신의 대학 생활을 상상하면서 살펴보자.

유형	특징
학점추구형	학교 수업에 충실한다. 좋은 성적을 받기 위해 고3 때처럼 공부에 최선을 다한다. 그러나 공부 이외의 활동에는 소극적이다.
자격증 준비형	입학하자마자 공무원 시험 등 특정한 자격을 얻는 일에 모든 노력을 집중한다. 시험 준비를 위해 수업이나 동아리 활동 등에 거의 참여하지 않는다. 도서관이나 학원에서 많은 시간을 보낸다.
점프형	대학에 들어왔지만, 현재 위치에 만족하지 못해 다른 도약을 모색한다. 전과, 편입, 반수를 병행한다. 또는 해외연수생이나 교환학생에 선발되기 위해 외국어 공부에 힘쓴다. 일단 현재의 위치에서 벗어나고 싶어서 휴학하기도 한다.
고민형	현재의 위치에 만족하지 못하거나 대학 생활에 회의를 느껴 다른 길을 모색한다. 그러나 실제로는 결단이나 실천력이 부족해 시도하지 못하고 고민만 한다. 4년 동안 고민만 하며 현실에 참여하지 않고 소극적으로 대학 생활을 보낸다. 성적도 좋지 않고, 가까운 친구도 없다.
사교형	공부보다는 친구 사귀기에 관심을 둔다. 학과보다는 동아리 모임에 더 참여한다. 여러 동아리에 가입하여 선후배, 동기들과 활동하기를 즐긴다.
놀자형	청소년기에 놀지 못한 것을 보충하기 위해 공부를 멀리한다. 수업은 제쳐두고 여행, 연애, 사교활동 등에 전념한다.
맹목형	대학 졸업장 따는 것이 목적이다. 목적이나 목표, 의욕 없이 그냥 다닌다. 졸업 후 가업(家業)을 이을 생각을 한다.
벌이형	학비, 생활비를 마련하기 위해 아르바이트에 주력한다. 아예 휴학하고 취업하거나 학업과 취업을 병행하기도 한다. 학교에 다니면서 창업해 '사장'을 겸하기도 한다.
장(長)학생형	수업에 적극적으로 참여하지 않거나 계속 휴학한다. 학적만 유지한 채 대학을 10년 이상 다니기도 한다. 가정환경, 경제적 어려움, 결혼생활, 취업 등이 원인이다.

자기점검 나는 어떤 대학생이 되고 싶은가?

① 나는 어떤 유형의 대학 생활을 기대했는가?

② 대학 생활을 성공적으로 잘하기 위해 어떻게 하고 싶은가?

3. 활동 프로그램

1) 개요

항목	내용
주제 및 제목	• 나의 인생 그래프 그리기 • 나만의 역할모델 액자 만들기 • 대학에서 하고 싶은 일 • 친구들과 함께 찰칵! 찰칵!
목표	• 역할모델을 목표지향점으로 삼아 마음씨, 태도, 행동의 '닮음'을 통해 점진적으로 성장할 수 있다. • 역할모델을 설정함으로써 더욱 현실적으로 꿈을 이루어나갈 수 있다. • 대학 생활 동안 하고 싶은 일을 결과와 대안을 고려하여 선택하고 결정할 수 있다. • 선택하고 결정한 것에 대한 적극적인 느낌을 갖게 된다.
전체 소요 시간	• 총 60~120분
준비물	• (미리 안내한 준비물인) 역할모델 사진 혹은 그림, 두꺼운 도화지, 풀, 칼, 스티커 등 꾸미기 도구, 필기구, 활동지

항목	내용
점검 사항	• 각자가 만드는 역할모델 액자이지만, 액자를 만든 후 5명이 한 팀이 되어 각자 액자를 만들게 된 배경을 나누고 팀에서 대표되는 액자를 전체 앞에서 발표할 시간을 갖도록 한다. • 날씨 상황을 고려하여 캠퍼스 내 야외 수업을 진행할 수 있다. • 역할모델을 생각하면서 자신의 현재 대학 생활에서의 계획을 설계할 수 있도록 한다.

2) 진행 방법

진행 단계	활동 내용	유의사항	시간	자료
도입	**나의 인생 그래프 그리기** ① 활동지의 인생 그래프를 살펴본다. ② 태어나서 지금까지 살아오는 가운데 경험했던 기쁘고 행복했던 순간들과 힘들고 어려웠던 순간들을 생각한다. ③ 기준선(0)을 중심으로 위는 행복감의 정도를, 아래는 불행감의 정도를 표시한다. ④ 나이별로 행복과 불행 정도를 표시한 다음 점들을 이어서 궤도를 완성해본다. ⑤ 그래프를 완성한 후에는 질문지를 완성한다. ⑥ 인생 궤도를 보면서 자신에 대해 생각해보도록 한다. ⑦ 질문지를 읽으면서 자신의 삶을 정리해보고, 질문에 답한다.	질문에 빈칸을 남기지 않고 작성하도록 한다.	10~20분	필기구, 활동지
전개	**역할모델 액자 만들기** ① '역할모델이란 무엇인가?'에 대한 지침과 연결하여 '자기점검' 문항들을 살펴보며 동기 유발을 한다. ② 5명이 한 팀이 되도록 책상을 마주한다. 미리 해온 과제와 더불어 액자에 무엇을 첨가할지, 액자는	① 미리 액자를 어떻게 만들 것인지 구상해 오도록 전 시간에 과제로 내준다.	40~50분	역할모델 만들기 준비물, 필기구, 활동지

진행 단계	활동 내용	유의사항	시간	자료
전개	어떻게 만들 것인지 구상하며 시안을 작성한다 (활동지에 밑그림 그리기). ③ 미리 준비해온 사진과 만들기 준비물 등을 이용하여 역할모델 액자를 만들어본다. ④ 역할모델 액자를 완성한 후 역할모델과 나를 비교분석해본다. ⑤ 역할모델을 통한 구체적인 목표설정에 대해 생각하며, 팀별로 역할모델 액자를 만들어 느낀 점을 나누어본다. ⑥ 액자를 자기 방 책상 위에 올려놓고 역할모델을 떠올리며 '닮아가려고' 노력할 수 있도록 한다. **친구들과 함께 찰칵! 찰칵!** ① 각자 역할모델 액자를 만들면서 느꼈던 자신의 꿈에 대해 얘기해보고, 대학 생활을 통해 이루고 싶은 장기목표를 생각하며 친구들과 함께 대학 캠퍼스 사진을 찍어본다. ② 친구들과 함께 활동지에 제시된 내용 중 5개를 골라 사진을 찍은 후 붙여보자. 모든 사진은 각각의 원칙을 생각하여 촬영한다. ③ 찍은 사진들을 활동지에 붙이고 친구들과 함께 나눠본다. **대학에서 하고 싶은 일** ① '대학 생활에서 하고 싶은 일 다섯 가지'라는 활동지를 배부한다. ② '지시사항'을 읽어준 다음 의문 사항에 대해 질문을 요구하고, 질문이 있으면 상세하게 대답해준다. ③ 한 번 하고 그만둘 것이 아니라 상당한 기간 계속해서 되풀이해야 할 일들 가운데 자신이 현재 가장 하고 싶은 일 다섯 가지를 해당란에 적게 한다. ④ 활동지에 다 적고 난 후 집단원 한 사람씩 차례대로 자신이 선택한 하고 싶은 일 다섯 가지 중 세 가지를 발표하도록 한다. ⑤ '느낌 점검' 활동지를 배부한다. ⑥ '대학에서 하고 싶은 일 다섯 가지'에 대해 가지고 있는 느낌의 종류, 강도, 이유 등을 각각 해당란에 적게 한다.	② 최대한 내 주변에서 가까운 사람을 역할모델로 정한다. ③ 날씨 상황을 고려하여 사진찍기 활동을 통한 야외 수업을 병행할 수 있다. ④ 사진 5장 중 1~6 항목의 사진이 반드시 3장 포함되어야 한다. ⑤ '대학에서 하고 싶은 일' 작성 중 활동이 상당한 기간 되풀이될 수 있는 성질의 일인지를 확인하게 한다. 만약, 지속적으로 반복할 수 없는 일을 선정했으면 반복될 수 있는 다른 일을 선택하여 기록하게 한다.		

진행 단계	활동 내용	유의사항	시간	자료
전개	⑦ 집단원들에게 활동지에 기록한 내용을 차례대로 발표하게 하고, ⓐ 느낌의 각성, ⓑ 느낌의 다양성, ⓒ 느낌의 결정요인, ⓓ 느낌의 동기적 기능 등에 중점을 두고 토의한다.			
마무리	**종합토론** ① 교수의 지도하에 전체 참가자들이 프로그램을 통해 배운 점과 시사점을 나누어 갖는다. ② 장기목표를 달성하기 위해서는 단기목표들을 계획하고 이를 이루어감으로써 장기목표에 이를 수 있음을 상기하고 대학 생활을 통해 달성할 목표에 대한 점검이 필요함을 인식한다. ③ 대학에서 하고 싶은 일을 결정하고, 결정한 일에 대해 가진 느낌을 점검함으로써 구체적인 실천계획을 세우고 유지할 수 있도록 격려한다.		5~10분	

3) 활동지

(1) 나의 인생 그래프 그리기

• 인생 그래프를 그려보세요.

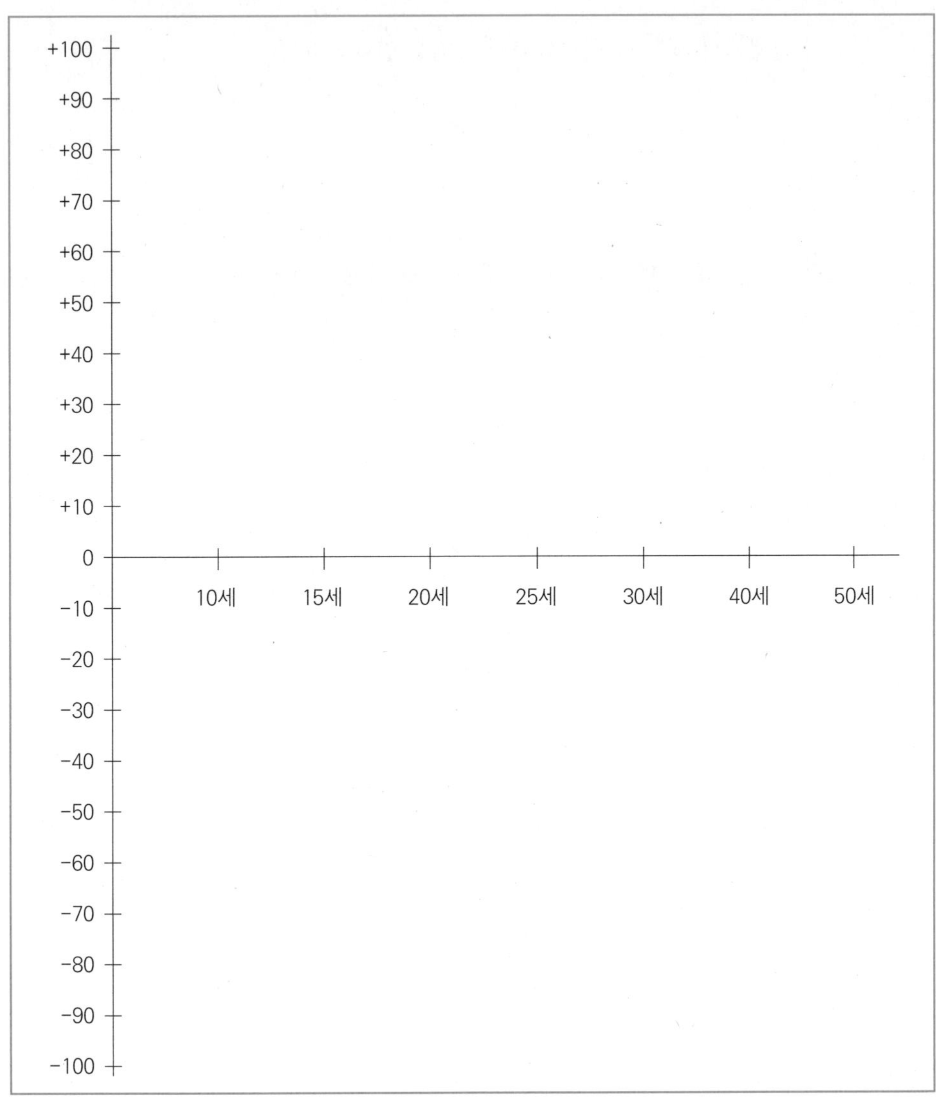

• 인생 그래프를 그리면서 느낀 점 등 다음의 질문에 답해보시오.

① 내 인생에서 가장 기뻤던 기억은 언제인가요?

② 내 인생에서 가장 힘들고 슬펐던 기억은 언제인가요?

③ 힘든 일이 있을 때 극복하기 위해 어떤 노력을 했나요?

④ 내 인생에 가장 영향을 많이 준 사람은 누구인가요?

⑤ 미래의 인생을 위해 내가 노력하고 개발해야 할 부분은 무엇인가요?

⑥ 앞으로 펼쳐질 내 인생을 예측해서 말한다면?

(2) 나만의 역할모델 액자

(3) 친구들과 함께 찰칵! 찰칵!

친구들과 함께 아래의 제시어 중 5개를 골라 사진을 찍은 후 붙여보자. 모든 사진에는 각각의 원칙이 있다. 단, 사진 5장 중 1~6항목의 사진이 반드시 3장 포함되어야 한다.

제시어			비고
1	전공 사랑	자신의 전공 관련 포즈	3개 필수
2	학교 사랑	우리 학교 교문에서 찰칵	
3	전공 분야 직업인과 함께	직업인이 나와야 함	
4	전공 교수님과 함께	전공 교수님 두 분이 있어야 함	
5	과 선배와 함께	과 선배 2, 3, 4학년 각 1명씩 있어야 함	
6	과 동기와 함께	과 동기 10명과 함께	
7	점프	모두의 발이 공중에 떠 있기	2개 선택
8	꿈은 이루어진다!	꿈이 이루어졌을 때의 표정 짓기	
9	나무 아래	우리 학교의 나무 3그루가 배경으로 나와야 함	
10	스마일	모두 자지러지게 웃기	
11	무한도전	무한도전 포즈	
12	온몸으로 L.O.V.E	팀원들끼리 온몸으로 L.O.V.E를 표현하며 찰칵	
13	그림자	자신들의 그림자가 모두 나와야 함	
14	잔디밭에서	우리 학교 잔디밭에서 찰칵	
15	엽기	가장 엽기적인 표정으로 찰칵	

• 찰칵! 찰칵! 찍은 사진 붙이는 곳

(4) 대학에서 하고 싶은 일 다섯 가지

① 대학에서 하고 싶은 일

상당한 기간 동안 계속해서 되풀이될 성질의 일들 가운데서 대학 생활에서 자신이 가장 하고 싶은 일 다섯 가지를 선택해서 다음 해당란에 적으시오.

순위	대학에서 하고 싶은 일
1	
2	
3	
4	
5	

② 느낌 점검

'대학에서 하고 싶은 일 다섯 가지'와 그것에 대해 갖고 있는 느낌과 강도 및 이유를 해당란에 적으시오.

하고 싶은 일	느낌의 종류	느낌의 정도					이유
		매우 약함	다소 약함	보통	다소 강함	매우 강함	

4. 후기

1) 대학에서 해야 할 일(하고 싶은 일)은 무엇이라고 생각하는지 써보자.

2) 자기가 선택한 대학 생활에서 하고 싶은 일을 실천하는 데 장애가 될 수 있는 것들은 무엇이 있을지 기술해보자.

3) 활동 프로그램 체험 후 느낀 점을 간단히 써보자.

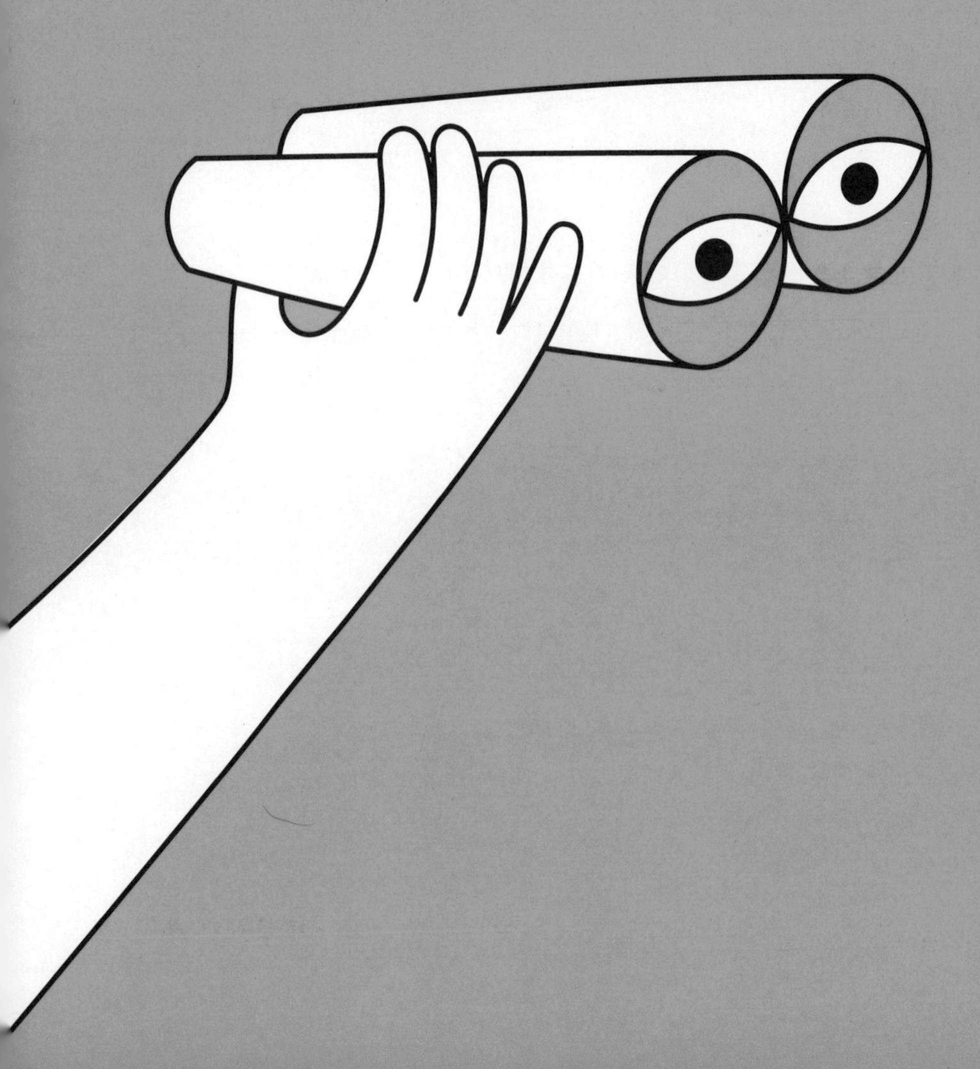

II

비전탐색 및 미래구상

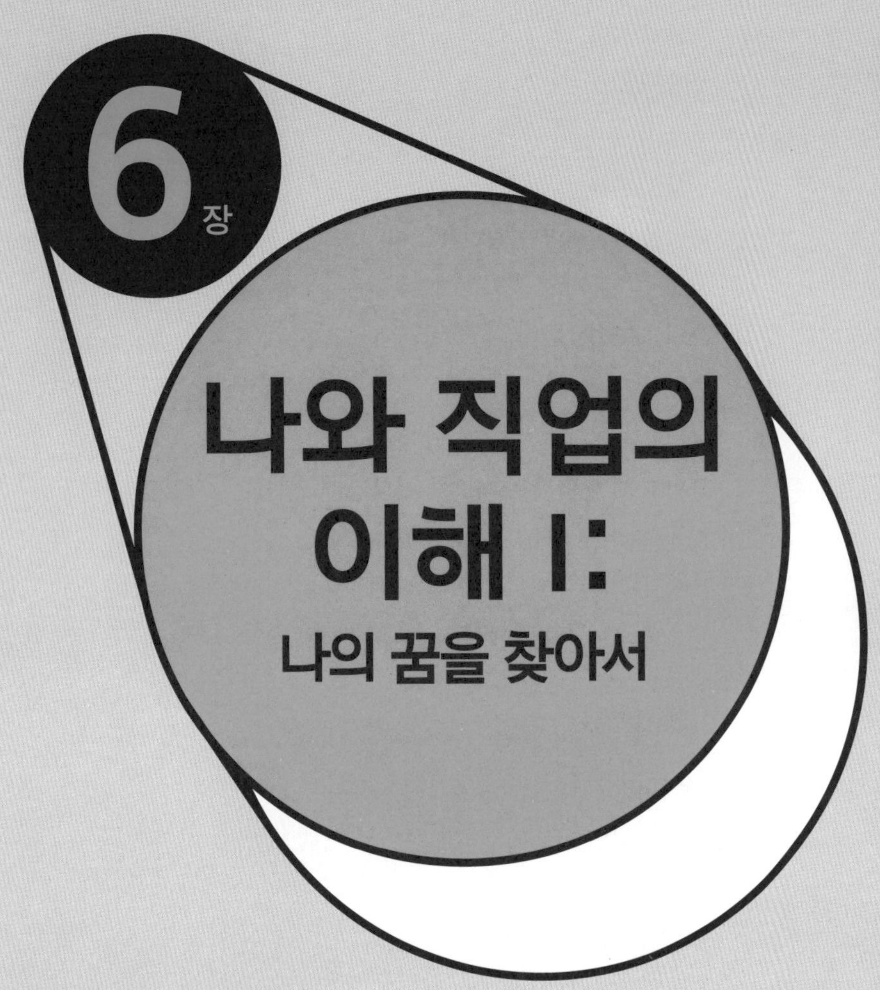

6장 나와 직업의 이해 I: 나의 꿈을 찾아서

학습목표

자신의 전공과 관련한 다양한 직업에 대해 탐색한다.

방문객

사람이 온다는 건
사실은 어마어마한 일이다
그는
그의 과거와
현재와
그리고
그의 미래와 함께 오기 때문이다
한 사람의 일생이 오기 때문이다
부서지기 쉬운
그래서 부서지기도 했을
마음이 오는 것이다
그 갈피를
아마 바람은 더듬어 볼 수 있을 마음
내 마음이 그런 바람을 흉내 낼 수
있다면
필경 환대가 될 것이다.

– 정현종(2008), 시집 『광휘의 속삭임』 중에서

1. 직업 선택의 기준

누구나 자신에게 맞는 '직업'을 갖고자 한다. 스스로 직업이 무엇이라고 생각하며, 직업이라는 용어를 듣고 떠오르는 것은 무엇인지 정리해보자.

내가 생각하는 직업이란 무엇인가?

'직업'이라는 용어를 듣고 떠오르는 것은 무엇인가?

직업을 선택할 때 단순히 '직업 명칭'만 고려하는 경우가 많다. 같은 직업이어도 구체적으로 살펴보면 하는 일이나 근무환경이 다를 때가 많다. 모든 의사가 환자를 치료하는 일을 하고 있지만, 살아가는 방식은 다소 다르다. 예를 들면 대학병원 의사와 개업의 모두 우리의 건강을 지키는 데 매우 중요한 역할을 한다. 하지만 같은 의사라고 하더라도 대학병원 의사와 개업의에게 요구하는 역할과 근무환경은 차이가 있다. 대학병원 의사는 대부분 교수이며, 환자를 진료하는 일뿐 아니라 강의와 연구도 병행한다. 월급을 받기 때문에 수입이 일정하지만, 승진에도 신경을 써야 하고 긴급하거나 심각한 환자를 주로 진료한다. 반면, 개업의는 출퇴근 시간이나 쉬는 시간, 휴무일 등을 조절할 수 있고 퇴근 후에는 대부분 일에서 벗어날 수 있으며, 능력에 따라 많은 수입을 얻을 수도 있다. 하지만 환자 수가 적으면 문을 닫아야 하는 경우도 생긴다.

이처럼 사람이 사는 모습은 직업이 같더라도 개인마다 삶의 방식이 다르다. 직업을 선택할 때 자신이 중요하게 여기는 것이 무엇인지, 어떤 방식으로 살기를 원하는지, 어떤 환경에서 살고 싶은지를 구체적으로 생각할 필요가 있다. 세상이 변하면 직업도 변한다. 요즘은 변화 속도가 너무 빠르다. 그만큼 직업의 흥망성쇠 속도도 빨라졌다. 따라서 직업을 선택할 때 미래 직업 세계의 변화를 잘 살펴야 한다. 이를 위해 다음의 세 가지 기준을 중심으로 직업을 탐색해보자.

1) 돈 vs. 시간

(1) "돈 쓸 시간이 없어서 돈을 모은다"라는 말이 있다. 돈을 많이 버는 사람들은 대부분 할 일이 많고 신경 쓸 것이 많아서 자기 시간을 가질 여유가 없다. 언제나 빡빡한 스케줄 때문에 여행을 가기도 힘들고 휴식을 취하기도 쉽지 않다. 늘 시간에 쫓기므로 자신의 건강이나 가족을 돌보는 일을 하지 못하는 경우도 많다. 하지만 돈이 보상해준다. 좋은 집에서 살 수 있고, 먹고 싶은 것을 먹을 수 있고, 하고 싶은 것을 할 수 있고, 갖고 싶은 것을 가질 수도 있다. 반면, 한때 잘나가는 직장인이었지만 그러한 삶을 포기하고 산골로 들어가 소박하게 삶을 살아가는 사람도 있다. 아무리 돈이 좋아도 가장 소중한 것이 시간이라고 말하면서 말이다.

(2) 돈도 많이 벌고 자기 시간도 많은 직업을 가진다면 얼마나 좋을까? 하지만 돈과 시간이라는 두 마리 토끼를 다 잡기는 쉽지 않다. 그렇다면 나는 돈과 시간 중에서 무엇을 선택할 것인가?

2) 혼자 vs. 팀(조직)

(1) 혼자 일할 때 제 실력을 발휘하는 사람이 있는 반면, 여럿이 함께할 때 더 실력 발휘를 하는 사람이 있다. 이는 직업을 선택할 때 중요한 기준이지만, 이를 중요하게 고려하는 사람은 많지 않다. 어떤 가수는 홀로 활동하고, 어떤 가

수는 그룹에 속해서 활동한다. 홀로 활동하는 가수는 그룹으로 활동하는 가수보다 공연할 때 더 자유롭고 수익배분에서도 유리할 수 있지만, 여러 상황에서 책임을 혼자 져야 하며 고독할 수 있다. 반면 그룹으로 활동하는 가수는 자유롭지 못하며 더 적은 배분을 받지만, 누군가가 공연을 할 수 없는 상황이더라도 나머지 팀원들이 공연을 할 수도 있다. 실제로 요즘 많은 아이돌 그룹들이 개별로도 활동하고, 몇 명 팀원만으로 활동하기도 하며, 전체 팀원이 함께 활동하기도 한다.

(2) 한편, 글을 쓰는 작가도 홀로 글을 쓰기도 하고, 대학이라는 조직에 속해서 교수로 일하면서 글을 쓰기도 한다. 이처럼 글을 쓰는 일은 같지만, 홀로 일하기도 하고 조직에 속해서 하기도 한다. 그렇다면 나는 내가 하고 싶은 일을 홀로 하고 싶은가? 조직에 속해서 하고 싶은가? 무엇을 선택할 것인가?

3) 안정 vs. 모험(도전)

(1) 전통적으로 안정적인 직업에는 공무원, 교수(교사), 법조인, 의사 등이 있다. 지금까지 수많은 직업이 생겼다가 사라졌지만, 전통적인 직업들은 오랜 세월 속에서 살아남은 직업들이다. 그래서 앞으로도 살아남을 것이라고 기대한다. 아마도 당분간은 사라지지 않을 것이다. 하지만 안정성을 기반으로 하는 전통적인 직업은 틀에 박히고, 재미가 없는 일일 수 있다. 또한 전통적인 직업이라 하더라도 근무 형태나 근무환경의 변화는 피할 수 없다. 반면 모험(도전)을 즐기는 사람들은 전통적인 직업보다 위험이 따르더라도 자신이 좋아하는 것을 직업으로 택한다. 예를 들어 사업가는 사업이 잘되어 성공하기도 하지만, 망하기도 하며 망했다가 다시 일어서기도 한다. 전통적인 직업에 비하면 다양한 도전을 하며 일에 몰두하고 새로운 것에 도전하는 것을 기쁘게 여긴다. 하

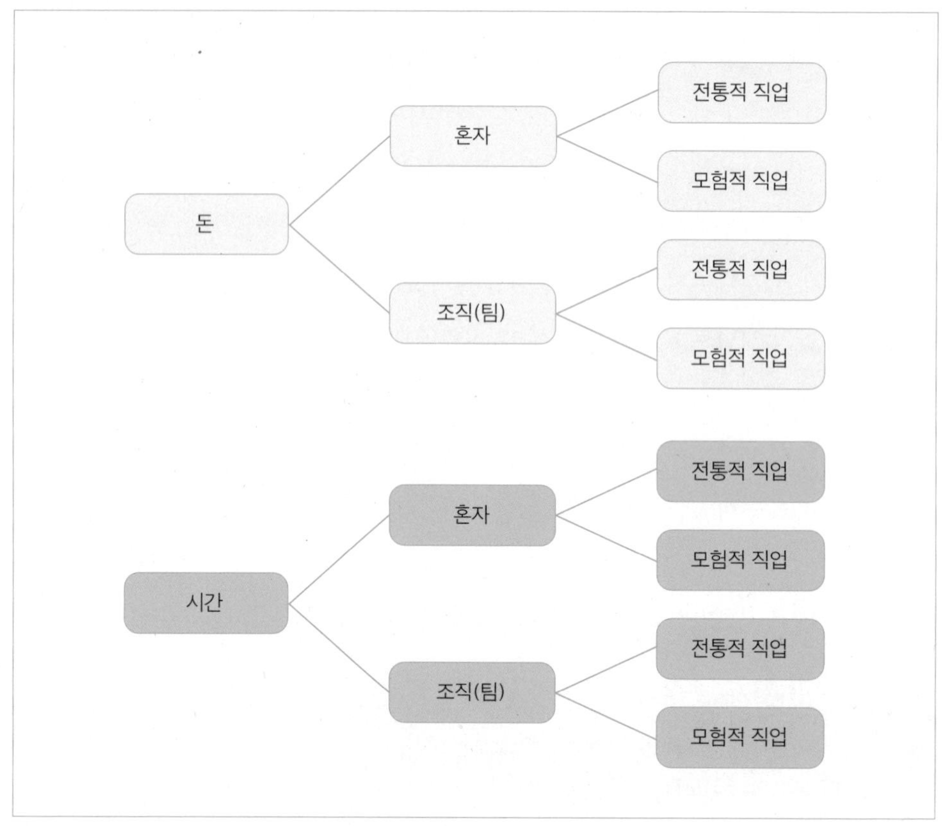

[그림 7] 직업 선택의 세 가지 기준

지만 안정성이 없어서 잘되면 대박, 안 되면 쪽박이다.

(2) 전통적인 직업은 걱정 없이 속 편하게 살 수 있지만 환경변화에는 둔감하고, 모험적인 직업은 변화에 잘 대처할 수 있지만 안정성이 부족하다. 어느 쪽을 택하든 장단점이 있다. 그렇다면 나는 안정적인 직업과 모험적인 직업 중 무엇을 선택할 것인가?

(3) 내가 현재 고려하고 있는 직업을 위의 세 가지 직업 선택기준에 따라 분석해 보자. 정답은 없으며, 각자 생각하는 방식대로 작성하면 된다.

직업명	돈	시간	혼자	조직(팀)	안정	모험
공무원		○		○	○	
프리랜서 게임개발자		○	○			○

2. 직업 세계 이해

동화에 나오는 토끼와 거북 이야기에서는 토끼가 교만한 마음으로 잠을 자는 바람에 쉬지 않고 열심히 경주한 거북이 이긴다. 산에서의 토끼와 거북의 경주는 시작부터 불공평하다. 그러나 우리 아이들이 살아가는 사회에는 이러한 불공평한 경주가 지천으로 널려있는 것이 사실이다. 산에서의 경주는 토끼가 잠을 자지 않는 한 거북이 이기기는 극히 드문 일이다. 그러나 물속에서 경주한다면 상황은 달라진다. 토끼는 수영을 하지 못하기 때문에 물속에 들어간다는 것만으로도 이기기는커녕 생사가 위태롭다. 반면 거북은 사정이 다르다. 쉬엄쉬엄 헤엄을 쳐도 여유롭다. 여기에서 자신이 토끼인지 거북인지를 아는 것이 중요하다. 토끼라면 육지나 산으로 가야 하고, 거북이라면 물가나 물속으로 가야 할 것이다. 그런데 토끼인 아이가 만약 운이 좋아 산으로 갔다면 다행인데, 운이 좋지 않아 바다로 가게 되었다면 성공은커녕 하루하루의 삶이 불행할 것이다.

진로상담의 아버지 파슨스는 올바른 진로 결정을 위한 첫 번째 요소로 정확한 자기이해를 들었다. 자기이해는 진로상담에서 가장 중요한 목표이기도 하다. 직업의 종류에 따라 요구되는 능력과 적성, 기능, 역할 등이 다양하므로 자기에게 맞는 일과 직업을 선택하기 위해서는 무엇보다 자기의 가치관, 능력, 성격, 적성, 흥미, 신체적 특성 등에 대해 올바르게 이해하는 것이 필수다. 자기가 토끼인지 거북인지를 제대로 이해하지 못한다면, 토끼인데 바다로 가거나 거북인데 산꼭대기로 가서 이유도 모른 채 힘들어하며 살아갈지도 모른다.

내가 토끼인지 거북인지를 분명하게 이해하고 있어야 가야 할 방향을 현명하게 결정할 수 있다. 자기이해를 통해 토끼라는 사실을 알았다면 산으로 가야 하고, 바다로는 절대로 가서는 안 된다는 것을 알게 된다. 그러나 어디가 산이고, 어디가 바다인지를 알고 있어야 제대로 갈 수 있다. 산이나 바다에 대한 정보가 전혀 없다면 가야 할 목적지가 있어도 갈 수 없다. 진로상담에서 자기이해만큼 중요한 목표가 직업 세계 이해라고 할 수 있다. 최근 직업 세계는 더욱 복잡하고 다양하게 변화되고 있으며, 급속도로 변화되고 있다. 자신에게 적합한 직업이나 진로를 선택하기 위해서는 여러 번의 의사결정과정을 거쳐야 한다. 그리고 합리적인 의사결정을 위해서는 스스로에 대한 충분한 이해와 다양한 직업정보 탐색이 필요하다. 신뢰할 수 있는 직업정보는 최상의 선택에 도움을 주므로 수많은 정보 가운데 꼭 필요한 정보를 적절히 활용하는 것이 중요하다.

1) 변화하는 직업 세계

글로벌 금융위기에 따른 경기 불황으로 급격한 사회변화와 직업관이 변화함으로써 전공과 직업 선택에도 변화를 가져왔다. 이렇게 변화하고 복잡해진 노동시장 환경에서 청년층은 자신이 중요시하는 직업 선택 요인에 기초하여 여러 직업 대안 중 가장 적합한 직업을 찾으려 노력하고 취업하고자 하지만 많은 어려움을 겪고 있다. 이러한 현상은 취업재수생, 청년실업자, 고학력실업자를 증가시키고 있다. 또한, 현대사회의 급속한 변화로 직업의 종류는 다양해지고 세분화되며 계속해서 전문화되는 추세다. 이와 같은 변화 속에서 자기에게 가장 적합한 직업을 결정하고 선택하는 것은 중요한 일이다. 이러한 변화에 적응하기 위해서는 새로운 지식과 기술 습득이 필요하며, 극도로 전문화되고 세분화된 직업 세계에 대해 객관적이고 포괄적인 정보 탐색과 이해가 절실히 요구된다.

〈표 3〉 시대의 흐름에 따른 사회의 변화

구분	농경사회 (3,000년)	산업화사회 (300년)	정보화사회 (30년)	창조화사회 (?)
노력	발	손	눈, 귀, 입	머리
가치	공동화	표준화	시스템화	네트워크화
국력	군사력	정치력	경제력	문화력
권위	봉건적	중앙집권	지방분권	개성
추구	생존	삶의 질, 양	속도	미, 즐거움

향후 일자리가 늘어날 유망직업 33선

1. 애완동물미용사
2. 시스템소프트웨어 개발자
3. 텔레마케터
4. 컴퓨터게임 개발자
5. 노무사
6. 가상현실 전문가
7. 변호사
8. 변리사
9. 수의사
10. 결혼상담원
11. 사회복지사
12. 바텐더(조주사)
13. 정보기술 컨설턴트
14. 영상 및 음성 처리 전문가
15. 물류관리 전문가
16. 웹 개발자
17. 보험계리인
18. 경호원
19. 한의사
20. 택배원
21. 소방관
22. 경찰관
23. 헤드헌터
24. 선물거래중개인
25. 네트워크관리사
26. 학예사(큐레이터)
27. 시스템운영 관리자
28. 쇼핑호스트
29. 전자상거래 전문가
30. 세무사
31. 지리정보시스템 전문가
32. 상담전문가
33. 항공조종사

21세기 유망 신직업

아바타 디자이너, 컬러리스트, 캐릭터 디자이너(애니메이션 캐릭터, 스타 캐릭터, 팬시 캐릭터, 프로모션 캐릭터), 리모델링 컨설턴트, 웨딩 플래너, 미술품 경매사, 게임 시나리오 작가, 네이미스트, 게임방송 PD, 온라인 캐리커쳐, 푸드스타일리스트, 음악치료사, 소믈리에(와인감정사), 여행 설계사, 벨소리 작곡가, 운동처방사, 국제회의 기획 · 진행자, 파티플래너, 바리스타(커피전문가), 다이어트메이트, 특수견조련사, 조향사, 호스피스전문간호사, 모델러(모형제작자), 정보기술컨설턴트

2) 직업의 탄생과 소멸

세상에는 다양한 사람이 존재하며, 그들이 가지고 있는 직업의 수도 무궁무진하다. 과거에는 있었던 직업이 현재는 존재하지 않으며, 현재 존재하는 직업이 미래에 사라질지도 모른다. 또한 미래에는 영화에나 나올법한 일이 새로운 직업으로 생겨나기도 할 것이다. 다시 말하면, 직업은 하루아침에 하늘에서 뚝딱하고 떨어진 것이 아니라 사람들의 필요에 의해 생기기도 하고 없어지기도 한다. 이처럼 직업은 사람들이 필요하게 되면 성장하게 되고, 사람들이 필요로 하지 않게 되면 소멸하게 된다.

3) 직업과 삶의 관계

직업은 개인과 가족의 생활을 영위하는 데 매우 중요한 요소다. 직업이 삶에 절대적인 영향을 미치는 만큼 진로 선택은 매우 중요한 과업이라 할 수 있으며, 자신의 적성에 맞게 결정하는 과정은 신중해야 한다. 현대사회에서 직업은 우리 삶의 큰 부분을 차지하며, 직업을 갖고 일한다는 것은 생계유지를 위한 경제적인 의미를 넘어서 자긍심과 자기정체감을 갖는 데 큰 기여를 하는 것으로 여겨진다. 그러므로 현대인에게 직업은 일생에 걸쳐 영위하게 되는 활동으로서 생계유지의 수단에서부터 자기실현의 산물로 해석하기까지 그 의미가 매우 크다. 사람들은 자신의 직업에 의해 자신은 누구이며, 어떠한 가치와 신념을 가지고 있는지, 그리고 어떻게 행동해야 하는지를 사회화하게 된다. 그러므로 직업은 자기정체성의 한 부분이라 할 수 있다.

4) 미래사회를 대비하는 직업 선택

아래의 미래사회를 대비하는 직업 선택 전략을 참고하여 전공 관련 직업탐색 시 활용한다.

미래에도 남아 있을 직업을 선택하라.
평생직업을 선택하라.
고도의 전문직업을 선택하라.
사이버 공간을 활용하는 직업을 선택하라.
실버산업에 관심을 가져라.
웰빙과 로하스에 관련된 직업을 선택하라.
녹색산업에 관련한 직업을 선택하라.
블루오션 직업을 선택하라.
창의성이 필요한 직업을 선택하라.
프리랜서가 되어라.

3. 전공 관련 직업탐색

전공 및 직업정보 검색 방법

- 인적자원 활용: 학과 교수, 부모, 선배, 성공한 직업인 등
- 기관: 대학일자리센터, 학생상담센터, 한국고용정보원, 고용복지플러스센터 등
- 인터넷 사이트 활용
  - 고용노동부 워크넷(www.work.go.kr)
  - 한국직업능력개발원 커리어넷(www.career.go.kr)
  - 직업훈련정보망 HRD-Net(www.hrd.go.kr)
  - 자격정보 Q-Net(www.q-net.or.kr)

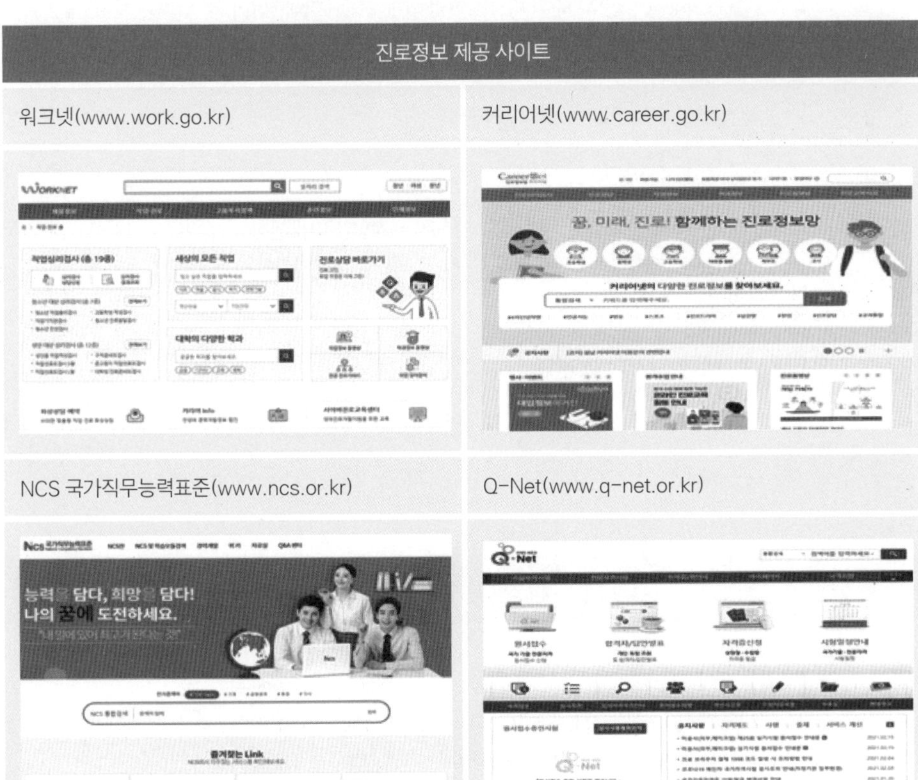

4. 활동 프로그램

1) 개요

항목	내용
주제 및 제목	• 과거, 현재, 미래의 직업 찾아보기 • 전공 관련 직업탐색 - 나의 직업정보 조사표 작성
목표	• 자신의 직업 선택기준과 다양한 직업 세계에 대해 이해한다. • 전공 관련하여 적극적으로 직업정보를 탐색해본다.
전체 소요 시간	• 총 60~120분
준비물	• 필기구, 활동지
유의사항	• 다른 사람들의 직업 선택기준이나 탐색된 직업에 대해 관심을 갖기보다는 자신이 생각하는 직업 선택기준을 고려하여 선택한 직업에 집중하여 작성한다.

2) 진행 방법

진행 단계	활동 내용	유의사항	시간	자료
도입	**과거, 현재, 미래의 직업 찾아보기** ① 활동지의 제시된 질문에 따라 자기 생각과 지식을 이용하여 진솔하게 작성해본다. ② 정리된 내용을 전체적으로 살펴본 후 나의 직업 세계에 대한 느낌이 어떠한지 작성해본다. ③ 교수의 지도하에 정리된 내용을 팀별로 나눠보고, 다른 구성원들과 유사한 점 및 차이점이 있는지 비교해본다.	다른 사람들의 직업 선택기준이나 탐색된 직업에 대해 관심을 갖기보다는 자신이 생각하는 직업 선택기준을 고려하여 선택한 직업에 집중하여 작성한다.	15~20분	

전개	나의 직업정보 조사표 작성 ① 제시된 전공탐색 방법을 통해 다양한 직업정보를 알아본다. ② 활동지의 전공 관련 직업정보 조사표 내용을 작성해본다. ③ 다양한 경로를 통한 정보 탐색을 통해 작성할 수 있다. ④ 작성된 내용은 학기 마무리 단계에서 이루어질 '나의 대학 생활과 미래'에 대한 발표 내용에 포함할 수 있도록 한다.	① 본문에 제시된 전공탐색 방법들을 통해 관련 내용을 기술할 수 있다. ② 직업정보 조사표 작성 내용을 하나도 빠짐없이 기록한다.	35~ 70분	활동지, 필기도구
마무리	내가 중요하게 생각하는 직업 선택기준이 무엇인지 알며, 나에게 맞는 직업 선택을 위한 전공 관련 직업정보를 적극적으로 탐색하는 자세를 갖도록 한다.		5~ 10분	

3) 활동지

(1) 과거-현재-미래의 직업 세계 변화 찾아보기

• 현대사회에서 사라져가는 직업들과 그 이유를 생각해보시오.

________ : ________________________

________ : ________________________

________ : ________________________

• 현대사회에서 새롭게 생겨난 직업들과 그 이유를 생각해보시오.

________ : ________________________

________ : ________________________

________ : ________________________

• 현대사회에서 사라지거나 새롭게 생겨난 직업 세계 흐름에서 자신이 고려하는 직업 세계는 어떠한가?

(2) 전공 관련 직업정보 조사표 작성

• 앞서 제시된 전공 및 직업정보 검색 방법 등을 이용하여 직업정보 조사표를 작성해보시오.

직업명	
조사항목	내용
필요한 학력	
자격 조건	
훈련기간 및 훈련기관	
구체적인 업무의 특성	
근무환경 (시간, 근무조건 등)	
보수	
직업의 장점	
직업의 단점	
전망	
기타	

4. 후기

1) 미래의 직업을 선택할 때 가장 중요한 선택기준은 무엇이라고 생각하는지 써보자.

2) 자신이 희망하는 전공 관련 직업을 선택할 때 어려움이나 장애가 될 수 있는 것들은 무엇이 있을지 기술해보자.

3) 활동 프로그램 체험 후 느낀 점을 간단히 써보자.

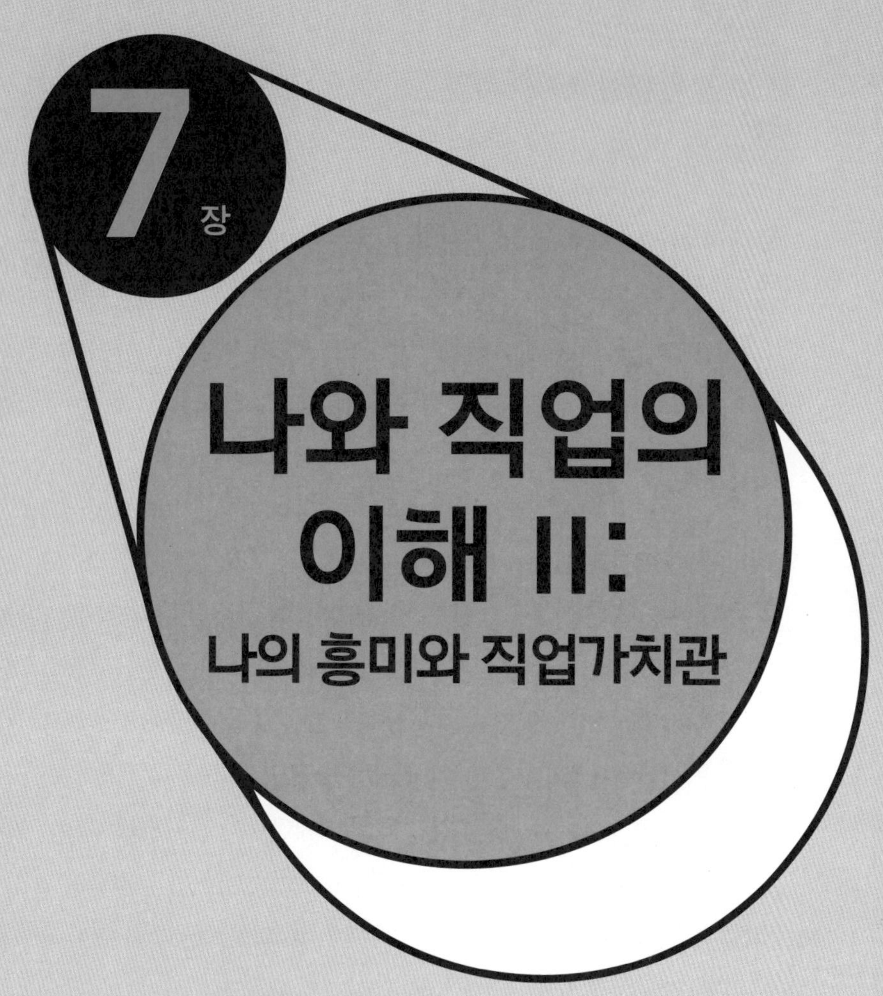

7장 나와 직업의 이해 II: 나의 흥미와 직업가치관

학습목표

자신의 흥미를 탐색하고, 나의 직업가치관에 대해 이해한다.

자기 자신을 사랑하라

저는 저 자신에 대해 이야기하는 것으로 시작하고 싶습니다. 서울 근처 일산이라는 도시에서 태어났습니다. 강과 언덕과 매년 열리는 페스티벌까지 있는 정말 아름다운 곳입니다. 저는 그곳에서 정말 행복한 어린 시절을 보냈고, 평범한 소년이었습니다. 밤하늘을 올려다보곤 했고, 세상을 구하는 상상을 하기도 했습니다. 저희의 초기 앨범 인트로 중에 9~10살 정도에 제 심장이 멈췄다는 가사가 있습니다.

돌이켜보니 그때가 다른 사람들이 저를 어떻게 보는지 인식하고, 그들의 눈을 통해 저 자신을 보기 시작했던 때였던 것 같습니다. 밤하늘과 별을 바라보는 것을 멈췄고, 꿈꾸는 것을 멈췄습니다. 대신에 다른 사람들이 만드는 시선에 저 스스로를 가뒀습니다. 이어 저는 나 자신의 목소리를 내는 것을 멈췄고, 다른 사람들의 목소리를 듣기 시작했습니다. 누구도 제 이름을 불러주지 않았고, 저조차도 제 이름을 부르지 않았습니다. 제 심장은 멈췄고, 제 눈은 감겼습니다.

이런 것들이 우리와 다른 사람들에게 일어나고 있습니다. 우리는 유령이 됐습니다. 이때 음악이 작은 소리로 "일어나서 너 자신의 목소리를 들어"라고 이야기했습니다. 하지만 음악이 저의 진짜 이름을 부르는 소릴 듣기까지 꽤 오랜 시간이 걸렸습니다.

방탄소년단에 들어가기로 결정했을 때조차 많은 장애물이 있었습니다. 대부분은 아니라고 믿고 싶지만, 일부 사람들은 가망이 없다고 얘기했죠. 때때로 저도 전부 그만두고 싶었습니다. 하지만 그렇게 하지 않았다는 것에 정말 행운이고 감사하다고 여깁니다.

저는 계속해서 잘못 딛거나 넘어질 것이라고 확신합니다. 방탄소년단은 대형 공연장에서 공연하고 수백만 장의 티켓을 파는 아이돌이지만, 저는 여전히 24살의 평범한 청년입니다. 제가 성취한 모든 것은 다른 방탄소년단 멤버들이 옆에 있었기 때문에 가능했습니다. 또한, 저희의 팬인 여러분이 저희를 사랑하고 지지해 주셨기 때문입니다.

어제 저는 실수를 했을지도 모릅니다. 하지만 어제의 저도 여전히 저입니다. 오늘의 저는 과거의 실수들이 모여서 만들어졌습니다. 내일, 저는 지금보다 조금 더 현명할지도 모릅니다. 이 또한 저입니다. 그 실수들은 제가 누구인지를 얘기해주며, 제 인생의 우주를 가장 밝게 빛내는 별자리입니다. 내가 누구인지, 내가 누구였는지, 내가 누구이고 싶은지를 모두 포함해 나를 사랑하세요.

마지막으로 한 가지를 말하고 싶습니다. 앨범이 발매된 이후, (유니세프의) 캠페인을 시작한 이후, 우리는 전 세계의 팬들로부터 중요한 메시지들을 듣게 됐습니다. 인생의 시련들을 어떻게 극복했는지, 그리고 스스로를 어떻게 사랑하게 됐는지에 대해서죠. 이 이야기들은 저희에게 책임감을 일깨워주었습니다.

한 발짝 더 나아가봅시다. 우리는 스스로를 사랑하는 법에 대해 배웠습니다. 스스로에 대해 이야기해보라고 촉구하고 싶습니다. 모두에게 묻고 싶습니다. 여러분의 이름은 무엇인가요? 여러분의 심장을 뛰게 하는 것은 무엇인가요? 여러분의 이야기를 들려주세요.

여러분의 목소리와 신념을 듣고 싶습니다. 여러분이 누구인지, 어디에서 왔는지, 피부색은 무엇인지, 성 정체성은 무엇인지, 스스로에게 말하세요. 스스로에게 이야기하면서 여러분의 이름을 찾고, 여러분의 목소리를 찾으세요.

저는 김남준이고, 방탄소년단의 RM이기도 합니다. 저는 아이돌이며, 한국의 작은 마을에서 온 아티스트입니다. 많은 사람들처럼 저는 제 인생에서 수많은 실수를 저질렀습니다. 저는 많은 단점을 가지고 있고, 더 많은 두려움도 가지고 있습니다.

하지만 저는 제가 할 수 있는 만큼 저 자신을 북돋고 있습니다. 조금씩 더 스스로를 사랑하고 있습니다.

여러분의 이름은 무엇인가요? 스스로에게 이야기하세요.

– 2018년 9월 24일 방탄소년단 UN 연설문 중에서

1. 나의 흥미

1) 흥미

흥미란 어떤 활동이나 사물에 대해 지속적으로 가지는 긍정적인 느낌이다. 즉, 자신이 좋아하는 일이나 관심을 나타낸다. 사람들은 자신이 좋아하는 일을 직업으로 갖기를 원하며, 일반적으로 자신이 하는 일에서 재미를 느끼는 사람일수록 직업에 대한 만족도가 높다. 직업흥미는 일의 몰두와 그에 따른 성과에 영향을 미치는 중요한 요인으로, 개인에게 어떤 일에 호기심을 가지고 즐거움을 느끼게 하는 동기적 성향을 뜻한다. 즉, 직업에 대한 흥미 여부는 그 직업에 대한 만족감, 노력의 방향, 지속성을 결정짓는 중요한 역할을 한다. 그러나 어떤 분야에 흥미가 있다고 해서 그 분야의 직무를 수행하는 데 필요한 능력이 있다고 말할 수 없으며, 흥미가 없는 직업을 선택하는 것도 바람직하다고 할 수 없다. 흥미는 성장함에 따라 변화하여 점차 더 분화되고 구체화되어가는 경향이 있다.

2) 흥미의 분류

흥미는 사람들의 견해와 방법에 따라 조금씩 다르게 분류된다. 가장 널리 알려진 것은 홀랜드의 흥미 분류다. 홀랜드는 흥미를 여섯 가지 유형으로 구분했는데, 실재형(현실형, Realistic), 탐구형(Investigative), 예술형(Artistic), 사회형(Social), 진취형(Enterprising), 관습형(Conventional)이다.

〈표 4〉 홀랜드 유형별 특성과 대표직업(한국고용정보원, 직업선호도 검사 해석자료)

흥미 코드	흥미 유형	특성	대표직업
R	현실형	솔직하고 성실하고 검소하며, 신체적으로 건강하고 소박하여 말이 적고, 기계적 적성이 높다.	경호요원, 경찰관, 자동차경정비원, 전자장비수리원, 귀금속세공원, 항공기 조종사, 기관사, 기계설계기술자, 컴퓨터프로그래머, 조리사, 컴퓨터조립원, 항공기 정비사, 특용작물재배자, 프로운동선수, 소방관, 안경사, 주방장, 집배원
I	탐구형	탐구심이 많고 논리적 · 분석적 · 합리적이며, 지적 호기심이 많고, 수학적 · 과학적 적성이 높다.	대학교수(인문 · 경영학 교수), 환경공학자, 기술서적 저자, 천문학자, 사설탐정가, 수의사, 웹사이트 개발가, 기술학원 강사, 기상연구원
A	예술형	상상력이 풍부하고 감수성이 강하며, 자유분방하고 개방적이며, 예술에 소질이 있고, 창의적 적성이 높다.	만화가, 카피라이터, 의상디자이너, 시인, 배우, 소설가, 화가, 성악가, 만화영화 대본작가(시나리오작가), 사진기자, 음악교사, 방송자료 사서, 화환 디자이너, 프로게이머, 건축가, 시각디자이너, 메이크업 아티스트
S	사회형	다른 사람에게 친절하고 이해심이 많으며, 남을 도와주려 하고 봉사적이며, 인간관계가 원만하고 사람들을 좋아한다.	사회복지사업 종사자, 간호사, 상담가, 성직자, 초등 · 중등학교 교사, 물리치료사, 음악치료사, 학원강사, 고객상담원, 응급구조사, 헤어디자이너, 작업치료사, 건강 컨설턴트, 스튜어디스, 직업상담사
E	진취형	지도력과 설득력이 있으며, 열성적이고 경쟁적 · 야심적이며, 외향적이고 통솔력이 있으며, 언어 적성이 높다.	기업 고위 임원, 변호사, 아나운서, 상점 판매원, 레스토랑 경영인, 호텔경리 지배인, 군장교, 호텔 매니저, 여행안내원, 식당지배인, 커피전문점 사장, 영화배급관리자
C	관습형	책임감이 있고 빈틈이 없으며, 조심성이 많고 변화를 좋아하지 않으며, 계획성이 있고, 사무 능력과 계산 능력이 높다.	사서, 우체국 사무원, 은행원, 비서, 법무사, 공인회계사, 관세사무원, 특허사무원, 홍보사무원, 유가증권 매매원(증권거래인), 보험사무원, 선물포장원, 운동선수 매니저, 일반공무원, 출판편집사무원

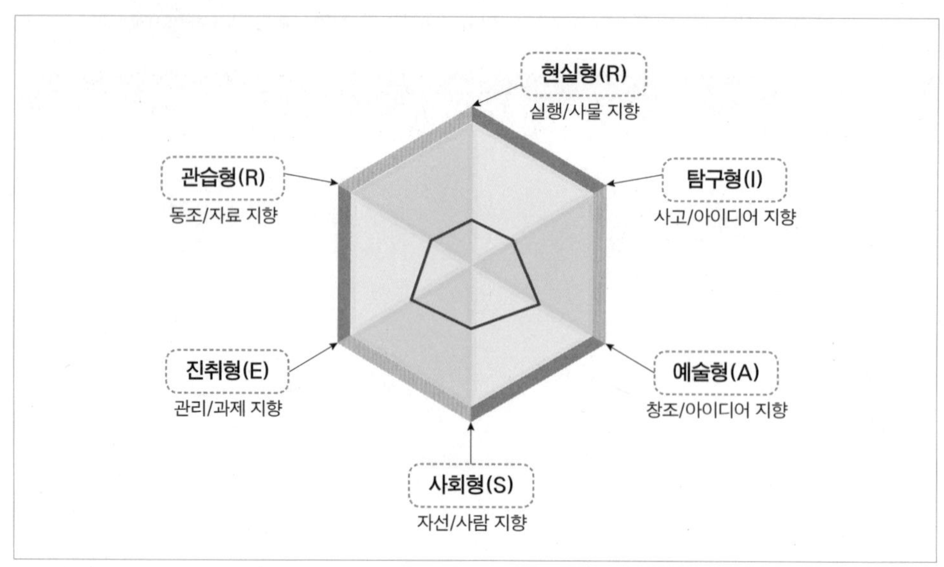

[그림 8] 홀랜드 유형(한국고용정보원, 직업선호도 검사 해석자료)

3) 직업흥미 검사

직업흥미를 탐색하는 방법 중에 검사를 활용하는 방법이 있다. 고용노동부 워크넷(www.work.go.kr)에서는 온라인으로 검사하고 결과해석 자료를 출력할 수 있다. '직업선호도 검사'를 실시하고, 그 결과해석 자료를 읽어보자. 자신의 직업흥미를 더 구체적으로 알아보기 위해서는 학생상담센터나 대학일자리센터에 방문하여 해석 상담을 받을 수 있다.

워크넷(www.work.go.kr)-직업 · 진로-직업심리검사-성인용 심리검사 실시-직업선호도 검사

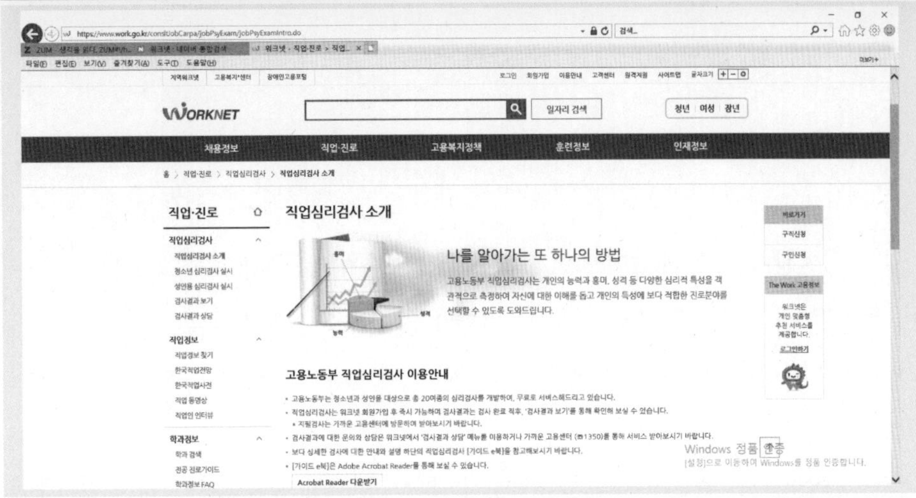

직업선호도(S형) 검사 결과 예시

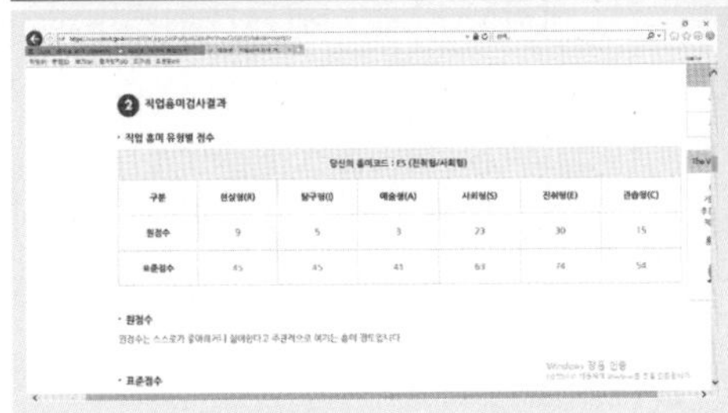

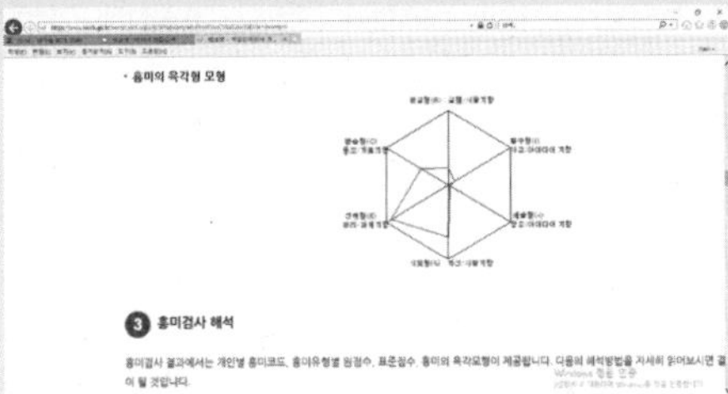

2. 나의 직업가치관

1) 일과 가치관

가치관이란 "한 개인이 어린 시절부터 자기 주위의 환경과 접촉했던 사람들에 의해 장기간에 걸쳐 형성된 믿음, 신념"을 말한다. 이는 특정 상황에서 선택이나 결정을 내려야 할 때 영향을 미쳐 어떤 특정한 행동을 하게 한다. 즉, 선택의 기로에서 의사결정의 방향을 제공해준다.

직업가치는 인간의 욕구를 채워주기 위한 수단으로 활용된다. 따라서 가치를 확인하기 위해서는 욕구를 파악해보는 것이 필요하다. 가치관은 직업을 선택하는 데 중요한 요소다. 자기 일과 그 일이 사회에 기여하는 것에 대해 어떻게 느끼는가를 결정하기 때문이다. 만약 자신의 가치관과 맞지 않는 일을 선택하게 된다면 그 사람은 행복하지 못할 것이다. 반면 자신의 가치관과 맞는 일을 찾은 사람은 그 일로 인해 만족감과 성취감을 느끼게 될 것이다. 가치관을 직업 결정과 진로 선택에 연관시키는 것은 그 일을 선택하는 이유를 정확하게 알고 인생의 목표를 정하도록 하는 원동력이 된다. 다음은 일에 대한 가치관 형태를 구분한 것이다.

내재적 가치관	외재적 가치관
• 일 자체의 가치 • 일이 사회에 주는 이익(사회적 책임)	• 일이나 직업의 외적 조건 (직업환경, 급여, 성장 기회 등)
문화적 가치관	**기능적 가치관**
• 목적과 성격 • 직업적 발전의 전반적인 방향(책임성, 자율성)	• 문화적 가치관의 직업환경에 대한 활용 및 운영 (융통성, 조직문화)

〈표 5〉 직업가치관과 직업

가치요인		가치설명	관련 직업
1	성취	스스로 달성하기 어려운 목표를 세우고 이를 달성하여 성취감을 맛보는 것을 중시하는 가치	대학교수, 연구원, 프로운동선수, 연구가, 관리자 등
2	봉사	자신의 이익보다는 사회의 이익을 고려하며, 어려운 사람을 돕고, 남을 위해 봉사하는 것을 중시하는 가치	판사, 소방관, 성직자, 경찰관, 사회복지사 등
3	개별 활동	여러 사람과 어울려 일하기보다 자신만의 시간과 공간을 가지고 혼자 일하는 것을 중시하는 가치	디자이너, 화가, 운전사, 교수, 연주가 등
4	직업 안정	해고나 조기퇴직의 걱정 없이 오랫동안 안정적으로 일하며 안정적인 수입을 중시하는 가치	미용사, 교사, 약사, 변호사, 기술자 등
5	변화 지향	일이 반복적이거나 정형화되어 있지 않으며, 다양하고 새로운 것을 경험할 수 있는지를 중시하는 가치	연구원, 컨설턴트, 소프트웨어개발자, 광고 및 홍보전문가, 메이크업아티스트 등
6	몸과 마음의 여유	건강을 유지할 수 있으며, 스트레스를 적게 받고, 마음과 몸의 여유를 가질 수 있는 업무나 직업을 중시하는 가치	레크리에이션 진행자, 교사, 대학교수, 화가, 조경기술자 등
7	영향력 발휘	타인에게 영향력을 행사하고, 일을 자기 뜻대로 진행할 수 있는지를 중시하는 가치	감독 또는 코치, 관리자, 성직자, 변호사 등
8	지식 추구	일에서 새로운 지식과 기술을 얻을 수 있고, 새로운 지식을 발견할 수 있는지를 중시하는 가치	판사, 연구원, 경영컨설턴트, 소프트웨어개발자, 디자이너 등
9	애국	국가의 장래나 발전을 위해 기여하는 것을 중시하는 가치	군인, 경찰관, 검사, 소방관, 사회단체 활동가 등
10	자율	다른 사람들에게 지시나 통제를 받지 않고 자율적으로 업무를 해나가는 것을 중시하는 가치	연구원, 자동차 영업원, 레크리에이션 진행자, 광고전문가, 예술가 등
11	금전적 보상	생활하는 데 경제적인 어려움이 없고 돈을 많이 벌 수 있는지를 중시하는 가치	프로운동선수, 증권 및 투자중개인, 공인회계사, 금융자산운용가, 기업 고위 임원 등
12	인정	자기 일이 다른 사람들로부터 인정받고 존경받을 수 있는지를 중시하는 가치	항공기조종사, 판사, 교수, 운동선수, 연주가 등
13	실내 활동	주로 사무실에서 일할 수 있으며, 신체활동을 적게 요구하는 업무나 직업을 중시하는 가치	번역사, 관리자, 상담원, 연구원, 법무사 등

2) 직업가치관

삶의 가치관을 어디에 두느냐에 따라 진로의 방향은 달라질 수밖에 없다. 따라서 지금까지 자신의 선택에 중요한 기준이 된 것, 중요하게 생각하는 가치관이 무엇인지에 대한 자문을 통해 자신의 가치관을 이해하고 확립하는 것은 자신의 삶을 스스로 설계해야 하는 대학생에게 중요한 과제일 것이다. 〈표 5〉에 제시된 가치요인과 관련 직업을 살펴보자.

3) 직업가치관 검사

직업가치관을 탐색하는 방법 중에 검사를 활용하는 방법이 있다. 고용노동부 워크넷(www.work.go.kr)에서는 온라인으로 검사하고 결과해석 자료를 출력할 수 있다. 검사를 실시하고, 결과해석 자료를 읽어보자. 자신의 직업가치관을 더 구체적으로 알아보기 위해서는 학생상담센터나 대학일자리센터에 방문하여 해석 상담을 받을 수 있다.

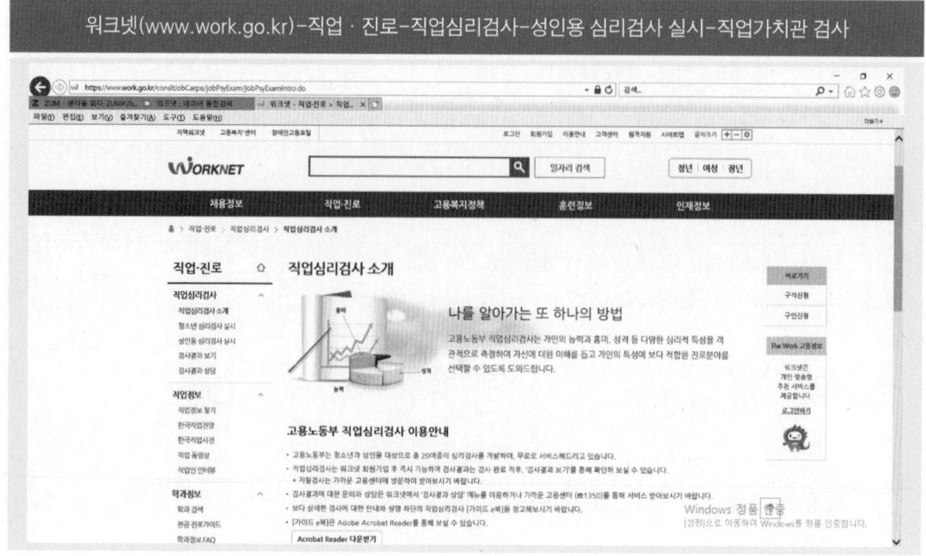

워크넷(www.work.go.kr)-직업 · 진로-직업심리검사-성인용 심리검사 실시-직업가치관 검사

직업가치관 검사 결과 예시

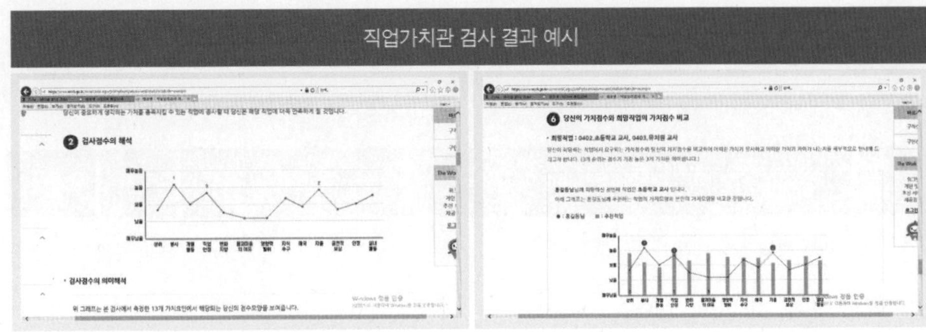

3. 활동 프로그램

1) 개요

항목	내용
주제 및 제목	• 나의 흥미-직업흥미 검사 • 나의 직업가치관 - 내가 중요하게 여기는 직업가치관은?
목표	• 자신의 흥미에 대해 탐색하고 직업흥미에 대해 이해한다. • 다양한 직업가치관을 살펴보고 자신의 직업가치관을 알아본다.
전체 소요 시간	• 총 60~120분
준비물	• 필기구, 활동지, 검사도구 등
유의사항	• 다른 사람들의 직업흥미나 타인이 고른 직업가치관에 관심을 갖기보다는 객관적인 검사 결과와 자신이 중요하게 생각하는 가치관 탐색에 집중한다.

2) 진행 방법

진행 단계	활동 내용	유의사항	시간	자료
도입	**나의 흥미 알아보기** ① 활동지에 제시된 간이 직업흥미 검사를 실시하고 유형별 점수를 계산한다. ② 유형별 점수를 활동지에 제시된 그래프에 그려 넣어본다. ③ 직업흥미 검사를 통해 발견한 자신의 유형 결과가 본문에 제시된 대표직업들과 잘 부합하는지 살펴본다. ④ 자신이 평상시 선호한 직업들과 자신의 흥미유형과 관련된 직업은 어떤 것이며, 대표직업에 제시되지 않았지만 자신이 생각했던 직업이 흥미유형과 관련성이 있는지 점검해본다.	다른 사람들의 직업흥미에 관심을 갖기보다는 객관적인 검사 결과와 자신의 흥미에 따른 직업에 집중한다.	15~ 30분	직업 흥미 검사, 활동지, 필기구
전개	**나의 직업가치관** ① 활동지에 제시된 자신의 가치관에 영향을 준 경험들이 있는지 탐색해본다. ② 교내 학생상담센터 등 전문상담기관에서 직접 직업가치관 검사를 실시하고 해석받거나 고용노동부 워크넷을 이용하여 온라인으로 검사를 직접 실시하여 그 결과를 받아본다. ③ 다양한 가치관 요인 중 자신에게 높게 나타나는 요인이 무엇인지 살펴보고 자신이 중요하게 생각하는 요인이 맞는지 탐색한다. ④ 자신이 선택한 직업가치관을 왜 중요하게 생각하는지 생각해보고 자신의 직업가치관과 자신이 갖고자 하는 직업이 부합하는지 점검해본다.	① 직업가치관 검사를 실시하지 못했다면 본문에 제시된 직업가치관 요인과 관련 직업표를 통해 활동지 내용을 기술할 수 있다. ② 작성된 내용은 학기 마무리 단계에서 이루어질 '나의 대학 생활과 미래'에 대한 발표 내용에 포함할 수 있도록 한다.	35~ 70분	직업 가치관 검사, 활동지, 필기구
마무리	① 나의 흥미와 중요하게 생각하는 직업가치관이 무엇인지 알며, 전공 관련 직업정보를 적극적으로 탐색하는 자세를 갖도록 한다. ② 교수의 지도하에 다른 구성원들과 검사 결과 및 활동지 작성 내용을 나눠본다.	검사 결과가 자기 생각과 일치하지 않더라도 직업탐색에 의미를 둘 수 있도록 한다.	5~ 10분	

3) 활동지

(1) 나의 흥미: 간이 직업흥미 검사

- 자기와 비슷하거나 선호하는 것에 체크해보자. 검사지의 여섯 가지 유형 중 밑줄친 곳에 나와 비슷하거나 내가 좋아하는 것에 ∨표를 한 후, 각 유형 아래의 문항을 읽고 '매우 싫다'에서 '매우 좋다'까지 해당하는 번호를 적는다. 그런 다음 그룹별로 ∨표 한 개수와 아래의 해당하는 번호를 더해서 유형별 점수를 구한다.

예시 탐구형: ∨표의 개수 3개 + ③ 보통이다 = 6점

R 유형(　　점)	I 유형(　　점)	A 유형(　　점)
____ 강건한	____ 비판적인	____ 창의적인
____ 순응하는	____ 호기심 많은	____ 비우호적인
____ 물질주의적인	____ 창의적인	____ 정서적인
____ 완고한	____ 독립적인	____ 표현적인
____ 실제적인	____ 지적인	____ 비현실적인
____ 현실적인	____ 논리적인	____ 독립적인
____ 엄격한	____ 수학적인	____ 혁신적인
____ 안정적인	____ 방법적인	____ 통찰력 있는
____ 무뚝뚝한	____ 합리적인	____ 자유분방한
____ 검소한	____ 과학적인	____ 예민한

손이나 도구를 사용하여 일하기, 물건을 수선하거나 만드는 일, 공구나 기계를 다루는 기술직 〈 〉	수학 · 물리학 · 생물학 · 사회과학 같은 학문 분야에서 연구. 추상적인 문제 풀기, 분석적인 사고, 복잡한 원리나 방법 이해하기 〈 〉	자신을 표현하기, 작가나 음악가, 연극인 같은 예술적인 창의성, 미술 · 문학 · 음악 · 희곡작품 창작 〈 〉
① 매우 싫다 ② 싫다 ③ 보통이다 ④ 좋다 ⑤ 매우 좋다		

S 유형(점)	E 유형(점)	C 유형(점)
______ 수용적인	______ 야망 있는	______ 조직화된
______ 배려하는	______ 분명한	______ 책임질 수 있는
______ 공감적인	______ 자기주장적인	______ 효율적인
______ 우호적인	______ 확신하는	______ 질서정연한
______ 도움을 주는	______ 결정을 잘하는	______ 순응하는
______ 친절한	______ 지배적인	______ 실제적인
______ 설득적인	______ 열성적인	______ 정확한
______ 책임질 수 있는	______ 영향력 있는	______ 체계적인
______ 가르치는	______ 설득적인	______ 보수적인
______ 이해하는	______ 생산적인	______ 잘 통제된
다른 사람들과 협력하여 일하기, 다른 사람들의 복지에 대한 관심, 사람들을 교육하거나 치료하는 일 〈 〉	개인과 조직의 목적을 위해 타인을 지도 · 통제 · 설득, 권력 · 지위 · 성취에 대한 야망과 열정, 판매업 · 매매업 · 정치 등 활동 〈 〉	세부적이고 질서정연한 것, 자료의 체계적인 정리, 자신에게 기대되는 것이 무엇인지, 정해진 일이 무엇인지 정확히 구조화된 일 〈 〉
① 매우 싫다 ② 싫다 ③ 보통이다 ④ 좋다 ⑤ 매우 좋다		

• 간이 직업흥미 검사의 유형별 점수를 다음 그래프에 그려보자.

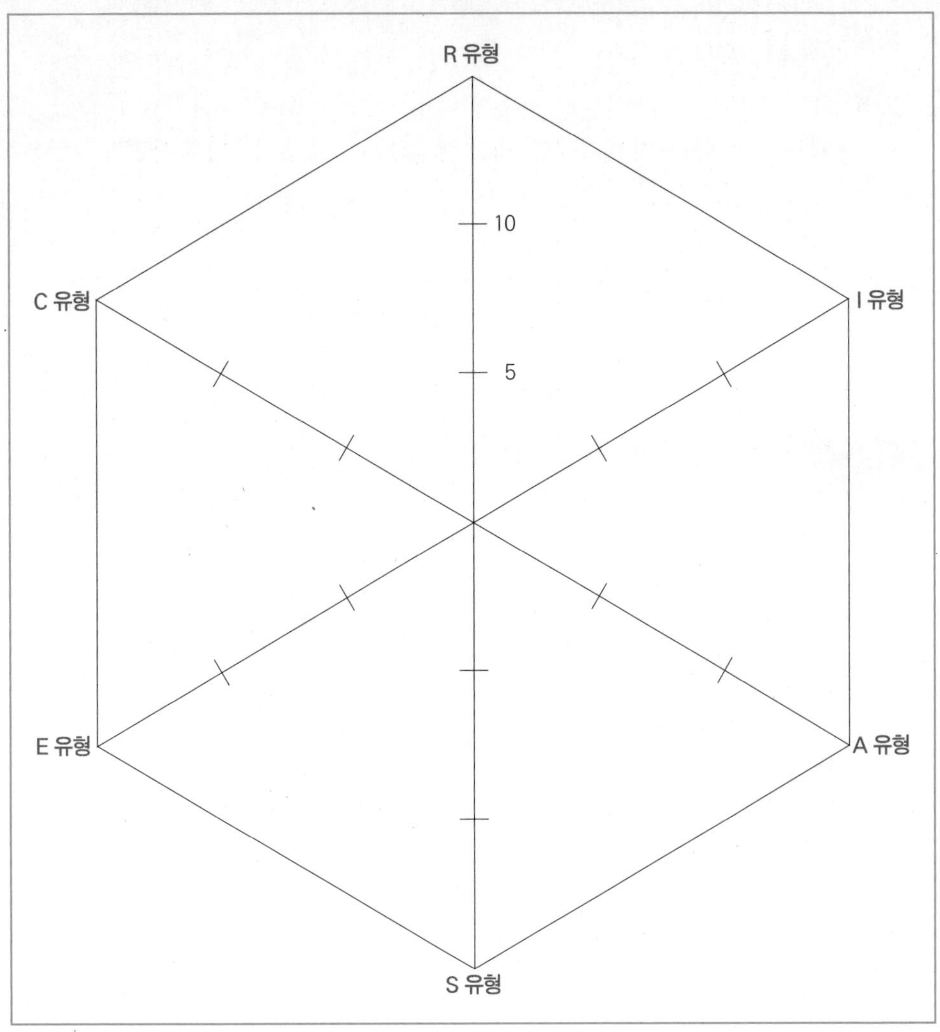

• 직업흥미 검사를 통해 내가 발견한 나의 흥미와 관련된 특성은?

• 나의 흥미유형과 관련된 직업들은?

• 결과표에 제시되지 않았지만, 내가 생각하는 나의 흥미유형과 관련된 직업은?

나의 흥미유형과 관련된 직업탐색 활동

직업명	
이유	
고려할 점	
직업명	
이유	
고려할 점	
직업명	
이유	
고려할 점	

(2) 나의 직업가치관

• 그동안 살아온 삶 속에서 중요한 의사결정을 하거나 선택할 때 나의 가치관이 영향을 주었던 경험이 있다면 적어보자.

• 직업가치관 검사 결과에서 제시한 가치 중에서 내가 가장 중요하게 생각하는 가치 세 가지를 선택해보자.

① ______

② ______

③ ______

• 내가 선택한 가치를 중요하게 생각하는 이유는 무엇인가?

• 직업가치관 검사 결과와 자신이 중요하게 생각하는 가치가 다른 것이 있다면 적어보자.

---

4. 후기

1) 자신의 흥미와 가치관에 새롭게 발견한 점이 있다면 적어보자.

2) 직업가치관에서 내가 가장 중요하게 여기는 것은 무엇이며, 앞으로 직업을 선택할 때 어떠한 작용을 할 수 있는지 써보자.

3) 활동 프로그램 체험 후 느낀 점을 간단히 써보자.

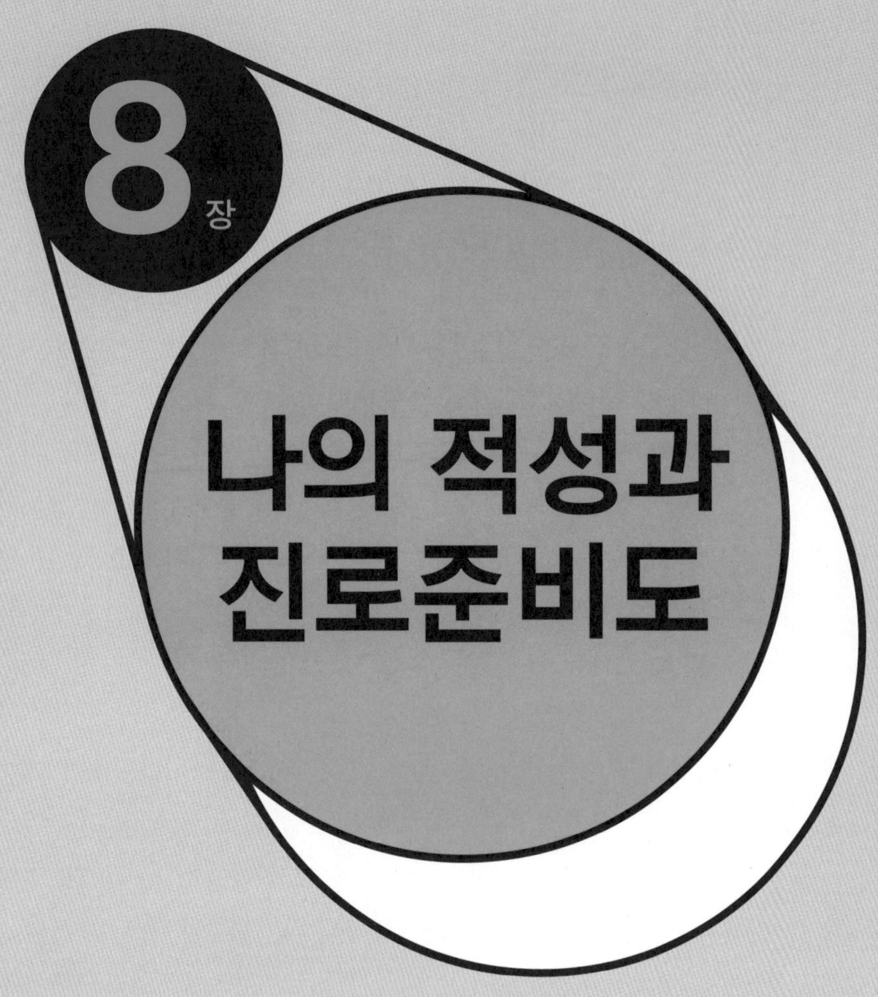

8장 나의 적성과 진로준비도

학습목표

자신의 적성과 진로준비도를 점검하여 진로 목표를 설정한다.

소녀와 발레리노

러시아의 어느 시골 마을에 발레리나를 꿈꾸는 소녀가 살고 있었다. 소녀는 꿈을 이루기 위해 열심히 발레를 연습했고 또래보다 앞서나갈 수 있었다. 소녀는 기량이 발전할수록 더 어려운 기술을 배워야 했다. 그만큼 실패하는 횟수가 많아졌다. 시간이 지날수록 소녀의 마음 깊은 곳에는 의구심이 들기 시작했다. '과연 나에게 재능이 있는 것일까?' 소녀가 재능에 대한 회의에 시달리던 어느 날, 마을에서는 세계 최고의 무용수가 방문하는 행사가 벌어졌다. 소녀는 자신의 재능을 확인하기 위해 행사장으로 달려갔다. 소녀는 무용수에게 간청했고, 마침내 그 앞에서 춤을 출 수 있는 행운을 얻게 되었다. 소녀는 떨리는 마음을 추스르고 춤을 추기 시작했다. 하지만 무심한 눈으로 소녀를 바라보던 무용수는 1분도 채 지나지 않아 손사래를 쳤다.

"그만! 너처럼 뻣뻣한 아이는 생전 처음 보는구나. 넌 재능이 없어."

청천벽력 같은 말이었다. 내가 재능이 없다니 소녀는 부정하고 싶었지만 그럴 수가 없었다. 그건 다름 아닌 세계 최고의 무용수가 내린 평가였다.

결국 소녀는 재능이 없다는 사실을 인정하고 발레를 포기하고 말았다. 그 후 소녀는 평범한 가정주부가 되었다. 세월이 흐른 어느 날, 또다시 시골 마을에 무용수가 방문하는 행사가 벌어졌다. 여인은 행사장에서 은퇴한 무용수를 만날 수 있었다. 여인은 그를 보자 좀처럼 풀리지 않는 의문이 하나 생각났다.

"오래전 당신은 이 자리에서 내게 재능이 없다고 말했죠. 그런데 요즘 생각해보니 뭔가 이상한 점이 있어요. 당신이 아무리 세계 최고의 무용수라 해도 말이죠, 어떻게 단 1분 만에 어린 소녀의 가능성을 알아볼 수 있었죠?"

그는 예전처럼 무심한 표정을 지으며 말했다.

"당연히 알 수 없죠. 난 신이 아니니까."

여인은 정신이 멍했다. 한 소녀의 꿈을 포기하게 만든 장본인이 어떻게 그런 무책임한 대답을 할 수 있단 말인가? 여인은 그에게 온갖 비난을 쏟아냈다. 그러자 무용수는 오히려 여인에게 소리쳤다.

"당신이 남의 말을 듣고 꿈을 포기했다면, 성공할 자격이 애초에 없었던 겁니다!"

- 호아킴 데 포사다, 레이먼드 조(2018), 『바보 빅터』 중에서

1. 꿈과 비전

1) 꿈과 비전의 의미

꿈이란 삶의 종착역을 의미하는 것뿐만 아니라 종착역까지의 여정을 어떻게 꾸려가야 하는지, 그 과정에서 이루고자 하는 것이 무엇인지를 의미한다. 하나의 종착역을 바라보고 달리는 것이 아니라 그곳으로 가는 과정 자체도 꿈이다. 따라서 꿈과 비전이 없다는 것은 목적이 없다는 것이며, 목적이 없다는 것은 무엇을 해도, 어디를 가도 무의미하다는 것을 의미한다. 우리의 삶은 100m 단거리 경주가 아니라 마라톤이다. 단거리 경주라면 무조건 빨리 달리기만 하면 된다. 하지만 마라톤 경주라면 방향이 중요하다. 당장의 성과가 중요한 것이 아니라 '어디를 향해 가고 있느냐'가 더 중요하다. 이러한 방향성은 많은 어려움을 극복하게 해주는 힘이 된다.

비전이 생기면 어렴풋했던 자아가 생생해지고 선명해지며 누구나 꿈꾸어온 미래, 자신에게 어울리는 미래로 스스로 데려갈 수 있다. 그 이유는 첫째, 비전은 우리에게 특별한 집중력을 발휘하게 해준다. 둘째, 올바른 선택을 할 수 있게 해준다. 셋째, 솔선하여 움직이게 한다. 넷째, 정신적 · 육체적 에너지를 공급해주고, 다섯째, 미래의 시점에서 현재 상태를 정확하게 직시하는 능력을 주기 때문이다. 자신을 정확하게 알고 자신의 꿈과 비전을 그릴 줄 아는 동시에 자기 삶의 사명, 자기 삶의 이유를 분명히 하는 것은 자기 삶의 주인으로서의 출발점이라 할 수 있다.

2) 비전의 조건

단순한 미래의 계획이 비전이 되는 것은 아니다. 다음은 비전의 조건이다. 나의 비전이 다음의 조건을 모두 담고 있는지 탐색해볼 필요가 있다.

- 내가 간절히 하고 싶은 것이어야 한다(흥미).
- 내가 잘할 수 있는 것이어야 한다(적성, 강점).
- 내가 꼭 해야 할 만큼 가치가 느껴지는 것이어야 한다(가치관).
- 남에게도 의미가 있는 것이어야 한다(의미).
- 나와 남의 가슴을 두근거리게 하는 것이어야 한다(울림).

2. 나의 진로준비도

1) 진로준비도

대학생 시기는 진로 목표 설정과 직업 세계로의 순조로운 이행이라는 진로발달 과업의 시기다. 진로준비도 검사는 이러한 대학생의 진로발달과업 성취와 관련하여 현재 자신의 진로발달수준과 취업준비행동수준에 대한 객관적인 정보를 제공함으로써 더욱 효과적인 진로 선택과 결정을 지원하고자 개발되었다. 검사의 구성은 진로성숙도 검사, 진로탐색행동 검사, 진로의사결정 검사, 취업준비행동 검사가 있으며, 구체적인 내용은 다음과 같다.

구분	하위요인	특성
진로 성숙도	계획성	자신의 진로 방향과 직업 결정을 위한 사전준비와 계획의 정도를 의미함
	독립성	자신의 진로에 대한 탐색, 준비, 선택을 스스로 하고 있는지의 정도를 의미함
	자기이해	자신의 능력, 흥미, 성격, 가치관 등의 개인 특성에 대해 이해하고 있는 정도를 의미함
진로탐색 행동	진로활동 경험	자신의 특성 및 직업정보 탐색을 위한 다양한 활동 경험의 정도를 알 수 있음
	자기이해 노력	자신의 적성, 흥미, 성격 등의 자기이해를 위한 다양한 활동 경험의 정도를 알 수 있음
	진로수업 경험	자신에게 더욱 적합한 진로 분야를 알아보기 위한 관련 수업의 수강 경험 정도를 알 수 있음
	사회적 지지 지지원	진로탐색 시 주변의 지지 자원의 정도를 알 수 있음
진로 의사결정		자신과 직업에 대한 정보를 바탕으로 한 진로 의사결정의 수준을 알 수 있음
취업준비 행동	적극적 직업탐색	직업탐색 및 선택에서 더욱 직접적이고 확실한 준비행동(이력서 보내기, 인터뷰) 수준을 알 수 있음
	예비적 직업탐색	직업과 관련된 정보를 모으고 직업탐색의 단계를 계획하는 과정에서 잠정적 가능성(전공지식, 공통직무능력)을 준비하는 행동의 정도를 알 수 있음
	공식적 직업탐색	공식적인 정보 소스(신문, 잡지, TV, 인터넷, 각종 설명회나 박람회 등)를 통한 취업준비행동의 정보를 알 수 있음
	비공식적 직업탐색	비공식적인 정보 소스(친구, 가족, 선후배 등)를 통한 취업준비행동의 정보를 알 수 있음
	취업준비 노력	취업준비와 탐색 과정에 적용된 상대적인 노력의 정도를 알 수 있음
	취업준비 강도	취업준비를 위해 사용된 시간과 노력의 상대적인 강도를 알 수 있음

2) 진로준비도 검사

진로준비도를 탐색하는 방법 중에 검사를 활용하는 방법이 있다. 고용노동부 워크넷(www.work.go.kr)에서는 온라인으로 검사하고 결과해석 자료를 출력할 수 있다. '진로준비도 검사'를 실시하고, 결과해석 자료를 읽어보자. 자신의 진로준비도를 더 구체적으로 알아보기 위해서는 학생상담센터나 대학일자리센터에 방문하여 해석 상담을 받을 수 있다.

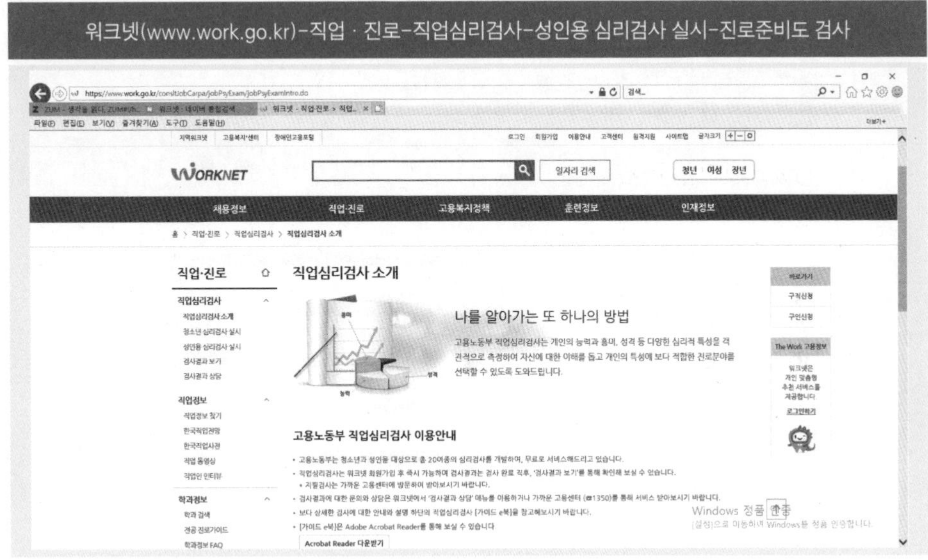

워크넷(www.work.go.kr)-직업 · 진로-직업심리검사-성인용 심리검사 실시-진로준비도 검사

진로준비도 검사 결과 예시

진로 성숙도

구분	계획성	검사점수 (T점수)	구분	낮음 10 20 30 40 보통 50 60 70 80 높음 90 100
진로 성숙도	계획성	45		
	독립성	76	H	
	자신지식(자기이해)	70	H	
진로탐색행동	진로활동경험	40	L	
	자기이해노력	50		
	진로수업경험	62	H	
	사회적지지자지원	32	L	
진로의사결정		51		

진로 준비 행동

하위요인	검사점수 (T점수)	구분	낮음 10 20 30 40 보통 50 60 70 80 높음 90 100
적극적 직업탐색	25	L	
예비적 탐색	70	H	
공식적 직업탐색	39	L	
비공식적 직업탐색	85	H	
취업준비노력	22	L	
취업준비강도	95	H	

3. 진로 목표 수립

진로 목표를 수립하고 자기계발 계획을 세우는 것은 취업을 앞둔 청년들만의 과제는 아니다. 진로 목표를 정하고 자기계발에 힘쓰는 것은 전 생애에 걸쳐 계속해서 해야 하는 과업이므로 철저한 계획을 세워야 한다. 하지만 자기계발에 대한 계획을 수립한다고 해서 모든 목표를 달성할 수 있는 것은 아니다. 자기계발 목표를 성취하기 위해서는 다음과 같은 전략을 고려하여 목표를 수립하고 자기계발 방법을 선정해야 한다.

1) 장기와 단기 목표를 동시에 수립한다

장 · 단기를 구분하는 기준은 개인에 따라 중요한 생애 전환기(결혼, 취직, 이직, 퇴직 등)를 기준으로 바뀔 수도 있으나 보통 장기목표는 5~20년 뒤를 설계하며, 단기목표는 1~3년 정도의 목표를 의미한다. 장기목표는 자신의 욕구, 가치, 흥미, 적성 및 기대를 고려하여 수립하며 직장에서의 일과 관련하여 직분의 특성, 타인과의 관계, 가족 구성원 등을 고려해야 한다. 단기목표는 장기목표를 이루기 위한 기본 단계로 필요한 직무 관련 경험과 개발해야 할 역량 혹은 자격증, 쌓아두어야 할 인적 네트워킹, 현실 상황 등을 고려하여 수립하는 것이 좋다.

2) 인간관계를 고려한다

가끔 소중한 주변 사람들을 희생시켜가면서 자신만의 목표를 추구해가는 사람이 있다. 우리는 부모, 형제, 친구, 배우자, 연인, 선배, 후배, 직장 동료, 상사, 고객 등 많은 인간관계를 맺고 살아가고 있다. 따라서 이러한 관계를 고려하지 않고 자기계발 계획을 수립한다면 계획을 실행하는 데 많은 난관과 어려움에 부딪히게 된다. 자기계발을 위해서는 다른 사람과의 관계를 발전시키는 것도 중요하므로 반드시 인간관계를 고려해서 목표를 수립해야 한다.

3) 현재 자신이 원하는 진로와 직무를 고려한다.

자신이 원하는 진로 목표와 관련이 있는 것이든, 직장인이라면 현재 하는 일과 관련된 일이든, 아니면 완전히 새로운 일을 탐색하여 수행하든 현재 상황과 만족도가 자기계발 계획을 수립하는 데 중요한 지표가 된다. 따라서 나의 진로 목표와 직무를 담당하는 데 필요한 능력과 이에 대한 자신의 현재 수준, 앞으로 개발해야 할 능력, 관련된 적성 등을 고려해서 진로 목표를 수립하는 것이 좋다.

4) 구체적으로 계획을 수립한다

대부분 계획이 성공하지 못하는 이유는 애매모호한 목표를 정하고 애매모호한 계획을 세우기 때문이다. 이런 방식으로 계획하면 어떻게, 무엇을 해야 하는지 알 수 없으므로 중간에 적당히 하게 되거나 비효율적으로 하다가 시간과 노력을 낭비하게 된다. 따라서 자신이 수행해야 할 자기계발 방법을 명확하고 구체적으로 수립하면 노력을 집중적이고 효율적으로 할 수 있을 뿐만 아니라 진행 과정도 피드백하기가 용이하다. 예를 들어, '토익 공부하기'라는 계획보다 '오전 7~8시까지 토익학원 가기'와 같이 구체적인 행동으로 계획을 짜는 것이 좋다. 자기계발 계획을 수립하는 전략을 알고 있더라도 구체적으로 설계하는 일은 어렵다. 그 이유로는 자신의 흥미, 장점, 가치, 라이프스타일 등 자기정보의 부족, 의사결정 시 자신감 부족, 개인의 자기계발 목표와 주변 상황과의 상충,

자신의 진로와 직무에 대한 기회나 가능성에 대한 정보 부족 등을 들 수 있다.

4. 활동 프로그램

1) 개요

항목	내용
주제 및 제목	• 나의 비전탐색과 자기사명서 작성 • 나의 특성 종합 - 나의 전공 분야에서 요구하는 특성 탐색 - 나의 전공의 적합성 연결 - 나의 핵심역량 스토리 작성하기 • 나의 진로준비도
목표	• 전공 관련하여 적극적인 자세로 자신의 적성과 가져야 할 핵심역량을 발견할 수 있다. • 종합적으로 나의 특성과 진로준비도를 점검하여 진로 목표를 설정할 수 있다.
전체 소요 시간	• 총 60~120분
준비물	• 필기구, 활동지
유의사항	• 다른 사람들의 특성에 대해 관심을 갖기보다는 자신의 특성과 진로준비도 점검에 집중하여 작업한다. • 적극적이고 진지한 자세로 활동에 참여할 수 있어야 한다.

2) 진행 방법

진행 단계	활동 내용	유의사항	시간	자료
도입	**나의 비전탐색과 자기사명서 작성** ① 본문에 제시된 비전의 조건을 숙지한 뒤 활동지의 제시된 질문에 따라 진솔하게 빠짐없이 작성한다. ② 정리된 내용을 전체적으로 살펴본 후 비전에 대한 나의 느낌이 어떠한지 생각해본다. ③ 나의 비전에 대한 탐색이 충분히 이루어진 후 자기사명서의 내용을 작성한다. ④ 작성된 자기사명서의 내용을 낭독해본다.	모든 참여 구성원들이 활동에 진지하게 임할 수 있도록 한다.	15~30분	
전개	**나의 특성 종합** ① 앞선 활동에서 이루어진 나의 다양한 특성들에 대해 종합적으로 정리해본다. ② 자신의 전공 분야에서 요구하는 특성을 탐색해보고 전공에 부합하는 특성들을 찾아 기술한다. ③ 활동지에 제시된 나의 전공의 적합성 연결 작업을 완성해본다. ④ 핵심역량 스토리 작성을 위한 고려사항을 참고하여 활동지에 제시된 나의 핵심역량 스토리를 작성하고, 함께 참여한 친구들과 피드백을 주고받으며 핵심역량 스토리를 완성해나간다. **나의 진로준비도** ① 교내 학생상담센터 등 전문상담기관에서 직접 진로준비도 검사를 실시하고 해석받거나 고용노동부 워크넷을 이용하여 온라인으로 검사를 직접 실시하여 그 결과를 받아본다. ② 활동지에 검사 결과를 토대로 해당 요인에 점수를 쓰고 결과에 따른 나의 생각과 느낌을 작성해본다. ③ 활동지에 작성된 내용은 학기 마무리 단계에서 이루어질 '나의 대학 생활과 미래'에 대한 발표 내용을 포함할 수 있도록 한다.	① 진로준비도 검사를 실시하지 못했다면 본문에 제시된 진로준비도 검사의 하위 구성 요인의 특성을 살펴 자신의 진로준비도에 대한 활동지 내용을 기술할 수 있다. ② 활동지 작성 내용을 하나도 빠짐없이 기록한다.	35~70분	활동지, 필기 도구
마무리	전공 적합성 및 진로 목표 달성을 위한 자신의 진로준비도를 점검하고 이를 통한 앞으로의 다짐 등에 대해 나눠본다.		5~10분	

3) 활동지

(1) 나의 비전탐색

앞서 본문에 언급되었던 비전의 조건을 토대로 자신의 비전을 적어보시오.

질문		나의 비전
내가 꼭 하고 싶은 일	흥미	
내가 잘할 수 있는 일	적성 강점	
내가 꼭 해야 할 만큼 가치 있는 일	가치관	
남에게도 의미가 있는 일(공익)	의미	
나와 다른 사람의 가슴을 두근거리게 하는 일	울림 (공감)	

(2) 자기사명서 작성

자기사명서

1. 나는 ______________________ 한 삶을 살기 위해 날마다 노력하겠다.

2. 나는 내가 가진 ______________________

____

____

______________________ 를(을) 잘 활용해서

3. 나의 삶의 목표인 ______________________ 를(을) 꼭 이루고 싶다.

202 년 월 일

성명 (서명)

(3) 나의 특성 종합

• 나의 전공 또는 희망 분야는?

• 나의 가치관은?

• 나의 흥미는?

• 나의 성격은?

• 나의 적성은?

• 나의 강점은?

(4) 나의 전공 분야에서 요구하는 특성 탐색

현재의 전공과 자신의 특성을 탐색해보자. 전공에서 요구하는 특성과 그 특성 중 자신의 특성과 부합하는 특성은 어떤 것인지, 보완해야 할 점은 무엇인지 적어보자.

• 전공을 살려서 진출할 수 있는 직업을 알아보고 10가지를 적어보자.

• 나의 전공에서 요구하는 특성들

• 전공에 부합하는 나의 특성들

• 전공에서 보완해야 할 점

(5) 나와 전공의 적합성 연결

• 자기이해를 통해 발견한 자신의 강점(긍정적인 특성)으로 아래의 빈칸을 메워보자.

나는 ______________________________ 사람이다.

나는 ______________________________ 사람이다.

나는 ______________________________ 사람이다.

• 위의 특성과 자신의 전공 또는 희망 분야와 연관된 특성으로 아래 빈칸을 메워보자.

나는 ______________________ 업무를 수행하기에 적합한
______________________ 특성을 가지고 있다.

나는 ______________________ 업무를 수행하기에 적합한
______________________ 특성을 가지고 있다.

나는 ______________________ 업무를 수행하기에 적합한
______________________ 특성을 가지고 있다.

(6) 나의 핵심역량 스토리 작성하기

핵심역량 스토리를 적절하게 쓰기 위해 아래에 제시된 고려사항을 참고하여 작성해본다.

① 자신의 강점을 기술한다.
전공 또는 희망 분야와 연관 지어서…

② 목표가 있어야 한다.
자신이 이루고자 했던 것을 기술한다.
"~을 하고 싶었다."

③ 어떤 장애물이나 어려움 또는 제약을 기술한다.
장애물은 스스로 부과한 것이나 부과된 것으로 기술한다.
"~해서 ~을 할 수 없었다."

④ 자신이 능동적으로 행한 일을 단계적으로 기술한다.
장애물을 어떻게 극복하고 목표를 달성했는지를 중심으로…
"나는 ~을 하기 위해 ~에서 ~을 했다."

⑤ 자신이 행한 일에 대한 결과나 성과를 기술한다.
결과나 성과를 기술할 때 수치를 기록하면 믿음이 간다.
"그 결과 ~이 5%나 높아졌다."

⑥ 그 결과가 미래에 어떤 성과를 낼 수 있을지를 기술한다.
자신감 있게…
"향후 ~분야에서 ~한 성과를 낼 수 있을 것이다."

• 나의 핵심역량 스토리 구성하기

①

②

③

④

⑤

• 자신의 핵심역량 스토리를 옆 친구와 이야기하고 피드백 주고받기

• 피드백을 받은 후 나의 핵심역량 스토리 완성하기

①

②

③

④

⑤

(7) 나의 진로준비도

자신의 진로준비도 검사 결과를 각 항목의 내용에 맞게 구분하여 적어보시오.

구분	하위요인	점수(수준)	결과를 통한 나의 생각과 느낌
진로 성숙도	계획성		
	독립성		
	자기이해		
진로탐색 행동	진로활동 경험		
	자기이해 노력		
	진로수업 경험		
	사회적 지지 지지원		
진로의사 결정			

5. 후기

1) 전공에서 요구하는 특성과 그 특성 중 자신의 특성과 부합하는 특성은 어떤 것인지, 보완해야 할 점은 무엇인지 적어보자.

2) 진로 목표 달성을 위한 진로준비도와 관련하여 앞으로의 계획이나 각오를 적어보자.

3) 활동 프로그램 체험 후 느낀 점을 간단히 써보자.

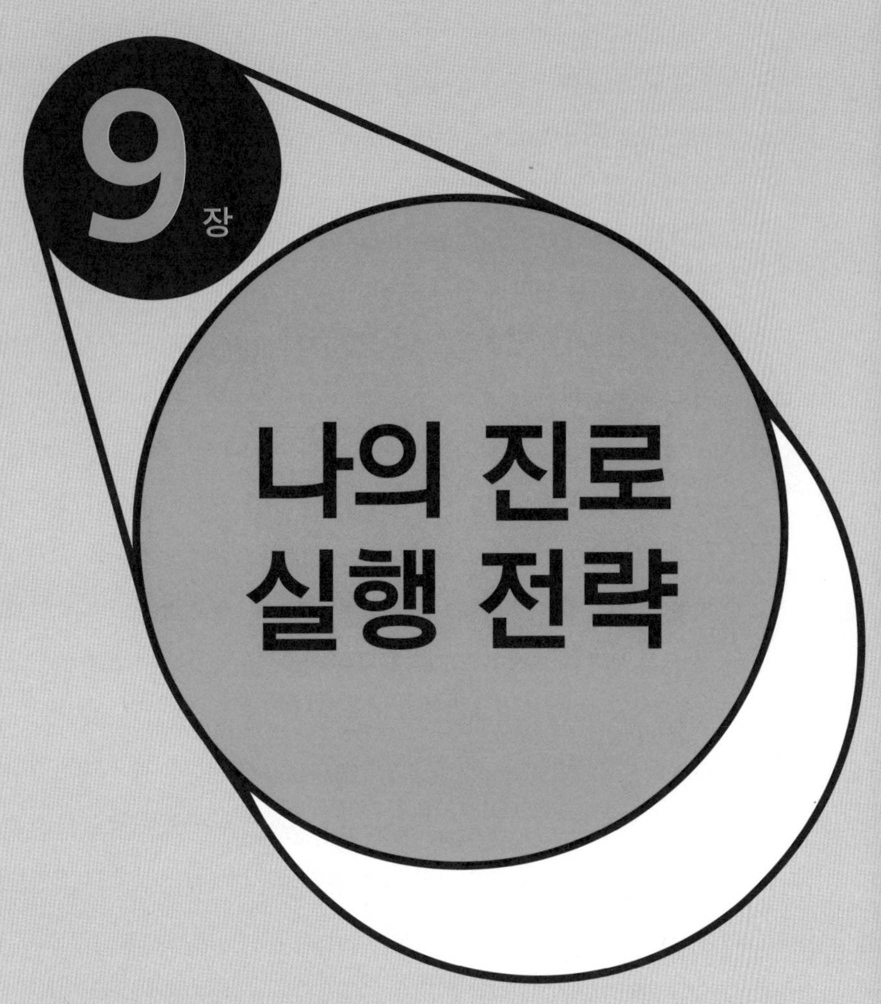

9장 나의 진로 실행 전략

학습목표

꿈을 달성하기 위해 주도적으로 자기설계를 계획한다.

카터가 속한 컨설팅회사 앱터 인터내셔널은 '성과(Performance)=능력(Ability)×사고방식(Mindset)×기회(Opportunity)'의 함수라고 강조한다. 성과의 80% 이상은 능력이 아니라 의지와 기회에 좌우된다는 것이 그들의 주장이다. 그들의 생각을 따라가 보면 사원들에게 적절한 동기부여와 기회를 제공하는 것이 무엇보다 중요하다는 생각과 만나게 된다.

이들이 분류한 매트릭스에는 네 가지 타입의 인간 — 선수, 구경꾼, 냉소자, 걸어 다니는 시체 — 이 있다.

먼저 '선수'는 사고방식이 긍정적임과 동시에 에너지가 많기 때문에 주변을 밝고 따뜻하게 만들며, 열심히 일하는 분위기를 창조해낸다. 그들이 추진하는 일은 대체로 성공으로 귀결되며, 설혹 실패하더라도 좌절하지 않고 실패를 경험 삼아 더욱 큰 성공에 도전한다. 다소 덜렁거리는 단점이 예상되기는 하지만, 이런 사람을 많이 보유한 조직은 영리조직이든 비영리조직이든 간에 활기를 띠게 마련이다.

두 번째 인간형인 '구경꾼'은 사고방식은 긍정적이지만 실천력이 부족하기에 큰 성과를 내지 못한다. 조직에 해를 끼치지는 않는다는 점은 위안거리가 되겠지만, 조직발전에 크게 기여하지 못한다는 점에서는 아쉬움을 남기는 사람이다. 이런 사람은 보통 때는 직장에서 쫓겨날 염려가 없으나 구조조정의 바람이 분다면 자리보전을 기약하기 어려운 타입이다.

반면 '냉소자'는 호황 때라도 위태롭다. 그들은 항상 구석에 앉아 상사에 대한 불평을 늘어놓거나 조직의 방침을 비판하는 일에만 열을 올리며 마침내는 다른 사람의 의욕까지 빼앗는다. 그래서 두 번 조직을 해친다. 첫째는 자신의 몫을 다하지 않는 해로움이고, 둘째는 일하려는 사람까지 가로막는 해로움이다. 이들은 에너지가 많음에도 불구하고 사고방식이 부정적이라서 에너지 역시 부정적인 일에 허비되는 경우가 보통이다.

이보다 심한 사람이 '걸어 다니는 시체'다. 매사에 부정적인 사고방식을 가진데다 에너지마저 없다. 그러니 아무 의욕도 없고 희망도 없이 월급이나 축내며 살아가게 된다. 얼마나 딱한 인생인가. 아마 자선 단체일지라도 이런 사람을 구호의 대상으로 삼을지는 모르나, 조직원으로 채용하지는 않을 것이다.

그런데 이 매트릭스에서 우리가 놓쳐서는 안 될 중요한 사실이 있다. 그것은 사람이 천부적으로 이 네 가지 부류 중 하나로 태어난 게 아니라는 사실이다. 사람들은 자라면서 그렇게 학습되거나 혹은 스스로 그런 상황으로 자신을 몰아간다. 모든 것이 후천적 요소이며 가변적이다. 따라서 학습과 동기부여에 의해 언제라도 냉소자가 선수로 탈바꿈할 수 있고 반대로 오늘의 선수라도 내일은 구경꾼이 될 수 있으며, 심지어 걸어 다니는 시체라도 일순간 선수의 반열에 오를 수 있다. 문제는 얼마만큼 동기를 부여하느냐에 달려 있다.

- 스티븐 카터(2002), 『르네상스 매니지먼트』 중에서

1. 내 꿈을 위한 필수 아이템

도처에서 변화가 일어나고 있다. 현재 희망하는 직업에 대해 다음의 사항들을 간과한다면 아무 희망도 없는 직업에서 평생 헤어나지 못하거나, 최악의 경우 고용에 적합하지 않은 사람이 될 수 있다.

다음은 멋진 직업을 찾기 위해 간과해서는 안 될 필수 아이템을 소개하고자 한다. 필수 아이템을 갖기 위해서는 많은 노력이 필요하다는 사실을 염두에 두어야 한다.

첫째, 나의 직업을 책임질 사람은 오직 나 자신뿐이다.

오늘날은 회사가 아닌 개인이 스스로 책임져야 하는 시대다. 평생 고용이 보장되는 시대는 지났다. 직업을 선택할 때도 자신이 적극적으로 나서서 즐겁고 오래 지속할 수 있는 직업을 찾아야 한다.

둘째, '나'라는 브랜드가치를 높여라.

직업 선택은 신중해야 한다. 이력은 자신의 경력인 동시에 브랜드이기도 하다. 즉, 자신에 대한 마케팅 자료다. 멋진 이력을 지닐수록 브랜드가치는 높아진다. 또한 오래 일할 수 있는 멋진 직업을 얻기가 더 쉬워진다.

셋째, 직업에 대한 기대를 만족시켜라.

사람들은 저마다 즐겁고 의미 있는 삶을 원한다. 이런 기대는 오늘날 직장생활에까지 확대되고 있다. 높은 보수만이 직업의 전부였던 시대는 지났다. 오늘날 사람들은 보수뿐 아니라 개인의 만족스러운 생활까지 보장하는 직업을 멋진 직업으로 간주한다. 개인의 선호도 역시 멋진 직업의 중요한 기준이 된다.

넷째, 다양한 업무 패턴과 폭넓은 기회를 활용하라.

오전 9시부터 오후 6시까지 정해진 업무시간이 모든 직업의 보편적인 규범으로 통용되던 일은 이미 과거의 이야기다. 오늘날에는 한 사람이 한 가지 이상의 직업에 종사할 수도 있고, 단기 계약이 성행할 뿐 아니라 임시고용, 재택근무, 자영업 등 다양한 업무 방식이 존재한다. 이에 따라 멋진 직업을 선택할 기회도 늘어났다.

다섯째, 기술의 발전으로 인한 직업의 다양화에 주목하라.

기술의 발전은 재택근무와 같이 탄력적이고 자유로운 업무를 가능하게 했다. 그 결과 사람들은 개인 블로그를 만들기도 하고, 온라인 사업을 하거나 외국에 있는 사람과 교신하며 업무를 보는 등 시간을 더욱 자율적이고 창의적으로 사용하게 되었다. 인터넷 쇼핑몰을 생업으로 하는 사람도 최근 몇 년 사이에 크게 늘어났다.

여섯째, 새로운 서비스 직종들이 생겨난다.

서구 경제가 서비스 산업을 기반으로 한 경제체제로 변화하면서 과거에는 생각지도 못했던 서비스 직종들이 새롭게 생겨나고 있다. 한 예로 불과 몇 년 전까지만 해도 생소했던 부유층 대상의 개인생활 관리인이 이제는 어엿한 직업으로 자리 잡았다. 개인 맞춤형 서비스, 여가 및 비즈니스 서비스, 금융 서비스, 간호 및 건강관리 서비스업도 빠르게 성장하고 있다. 이렇게 새로운 직종 중에서 자신의 직업을 찾아보는 것도 좋은 방법이다.

일곱째, 직업 선택의 몫은 나 자신이다.

오늘날 사람들은 자신의 가치를 발견하고 흥미를 느낄 수 있는 일을 추구한다. 그렇지 않은 직업을 택했을 경우 대부분 오래 종사하지 못한다. 무엇보다 스스로 멋진 직업이라 생각되는 직업을 선택해야 한다. 선택은 바로 당신의 몫이다.

여덟째, 경력을 통해 경쟁력을 강화시켜라.

오늘날에는 직장을 한 번쯤 옮기는 것은 예사로 여긴다. 따라서 다양한 환경과 직종을 경험하면서 각종 이력을 쌓는 것이 가능해졌다. 굳이 한 가지 직업에 매달릴 필요가 없다. 마음에 드는 멋진 직업을 찾으면 용감하게 도전하라. 실패의 경험도 또 하나의 경력일 수 있다.

아홉째, 나 자신이 곧 기업이다.

직장이 거대한 계급조직으로만 여겨지던 시대가 지났다. 개인도 독자적인 기업가가 되어 서비스를 제공할 수 있다. 새로운 아이디어와 창의력을 발휘하면 나만의 멋진 직업을 만들 수 있다.

열째, 세계화로 선택의 폭을 넓혀라.

21세기는 국제화 시대다. 따라서 구직 범위를 굳이 자신이 살고 있는 지역이나 나라로 한정시킬 필요가 없다. 외국으로 눈을 돌려 다양한 경험을 쌓아보자. 고국에 돌아오면 그 경험은 값진 경력이 될 것이다. 이렇게 사고의 폭을 넓히면 답답한 사무실에서 벗어나 전 세계를 누비고 다닐 수 있다. 기존의 틀에 얽매이지 말고 전 세계를 대상으로 멋진 직업을 찾아보자.

2. 진로 실행을 위한 시간 관리

우리에게는 매일 24시간 또는 8만 6,400초의 시간이 똑같이 부여된다. 하지만 누군가는 24시간이 모자랄 만큼 알차게 보내는가 하면, 누군가는 어영부영 중요하지 않은 일들을 하다가 하루를 모두 소모해버린다. 나의 시간을 타인에게 팔고 돈으로 돌려받을 수 있다면 그렇게 하겠는가? 시간은 절대적인 것 같지만 사실 그것을 사용하는 사람에 따라 얼마든지 달라질 수 있다. 따라서 시간을 가치 있게 사용하는 것은 매우 중요하다. 대부분의 사람이 '시간이 없다', '바쁘다'라는 핑계로 정작 소중하고 반드시 해야 할 일들을 하지 못한다.

> 숲속에서 나무꾼이 나무를 베느라 땀을 뻘뻘 흘리고 있었습니다.
> 쉬지 않고 톱질을 하는데도 나무 베는 속도는 자꾸만 느려졌습니다.
> 지나가던 이가 나무꾼에게 말했습니다.
> "톱날이 무뎌진 것 같은데 먼저 톱날을 갈지 그러시오?"
> 이 말에 나무꾼이 뭐라고 했는지 아시나요?
> "너무 바빠서 톱날 갈 시간이 없습니다."

위의 내용은 이솝우화에 나오는 이야기다. 도대체 나무꾼은 왜 그랬을까? 물론 나무 베느라 바빠서다. 『성공하는 사람들의 7가지 습관』의 저자 스티븐 코비는 이를 두고, "여러분은 운전하느라 너무 바빠서 주유소에 갈 시간이 없나요?"라고 웃으며 묻는다. 나무 베는 일의 효과성은 어디에 달려 있을까? 톱날이 얼마나 날카로운가에 달려 있다.

우리가 일할 때 효과성은 어디에 달려 있을까? 일의 우선순위를 정하는 것과 시간 관리에 있다. 우리는 '너무 바빠서', '할 일이 너무 많아서'라는 핑계를 대면서 일의 우선순위를 생각하지 않고 시간을 낭비하는 경우가 많다.

> 변명 중에서도 가장 어리석고 못난 변명은 '시간이 없어서'다.
>
> - 에디슨

1) 일의 목록 작성하기

(1) 행복과 성공을 위한 시간 관리는 우선순위를 생각하며 Value(가치), Action(행동), Time(시간) 순서로 해야 한다. '목표'가 어느 시점의 상태를 나타내는 것이라면, '가치'는 자신이 원하는 상태를 달성하고 지키기 위한 하나의 나침반이다. 다시 말해 인생의 목적이라고 할 수 있다. 따라서 가치관에 맞지 않는 일은 당연히 해서는 안 되며, 모든 '행동'은 자신의 가치관을 지침으로 계획되어야 한다.

① Value(가치): 먼저 자신이 추구하는 가치를 결정한다.

나를 나답게 만들어주는 상태, 행복을 느끼는 일, 되고 싶다고 강하게 느끼는 이상형

② Action(행동): 가치 실현에 필요한 행동을 결정한다.

이상을 실현하고 유지하기 위한 행동, 행복을 느끼는 활동, 자기 가치관에 맞는 행동

③ Time(시간): 삶 속에서 가치를 실현하기 위해 시간을 분배하고 행동을 실천에 옮긴다.

가치 이상을 실현하기 위한 행동 관리, 가치관에 맞춘 시간의 강약조절, 시간 관리

(2) 일의 효과성을 위해서는 구체적이며 상세하고, 시간 계산과 우선순위를 고려하여 일의 목록을 작성해야 한다. 할 일을 리스트로 작성하는 사람은 많지만, 리스트를 만들 때 규칙이 명확한 사람은 드물다. 생각나는 대로 일단 써놓기 때문에 빠뜨리거나 중복되는 부분 없이 관리하기는 어렵다. 리스트는 구체적으로 작성하여 세세하게 나누고, 시간을 계산하고 우선순위를 정한다. 일을 하루에 할 수 있게 나누고, 예상 소요 시간도 넣는다. 틈나는 시간에 처리할

일이라면 15분 이내로, 천천히 시간을 투자하여 할 일이라도 90분 이내에 완료할 수 있는 분량을 기준으로 한다.

목록을 작성하기 전에 체크해야 할 사항

① 나의 가치를 실현하기 위한 일인가?
② 일 완료의 기준이 무엇인가? 기간과 목표 수준이 구체적인가?
③ 하루에 완료할 수 있는 분량인가? 도중에 질리지 않는가?
④ 한 번만 하는 일인가? 나중에 다시 할 일인가?
⑤ 나만이 할 수 있는 일인가? 다른 사람에게 맡기는 편이 나은가?

2) 스케줄을 잘 활용할 수 없는 이유

① 너무 많은 일을 하려고 생각한다.
② 일 목록에 올린 것 중에는 실시할 준비가 되어 있지 않거나, 목표가 명확하게 설정되어 있지 않은 경우가 있어 어정쩡한 태도로 일을 하려는 것이다.
③ 일의 우선순위에 주의를 기울이지 않고 있다. 반드시 매일 하는 단순한 일도, 다음날 해야 할 일도 가장 중요한 일 다섯 항목을 적어 중요도에 따라 나열한다.
④ 의사결정을 하기 어려워서 결정을 내리지 못하는 경우가 있다.
⑤ 자신의 목표를 달성하는 데 필요한 자신감이 결여되어 있다.
⑥ 장래의 성공을 목표로 발전적으로 움직이지 못하고 지난 실패에 포로가 되어 있는 경우다.
⑦ '할 수 있다, 해보자'라고 생각하지 않고 반대로 자신은 완성할 수 없다고 생각하는 경우다.

3) 시간 관리 매트릭스 기법

자신의 생애 목표를 수립하고, 자기계발 계획을 짜며, 비전을 달성하기 위해서는 주어진 시간을 잘 관리할 수 있는 시간 경영이 필요하다. 우리는 매 순간 해야 할 일들이 주어지고, 그에 따른 의사결정을 해야 한다. 수많은 대안 중에서 무엇을 먼저 해야 하는가를 정하는 데 우선되는 기준은 무엇일까? 시간 영역을 2개의 축으로 구분해볼 수 있는데, 한 축은 중요한 일과 중요하지 않은 일, 다른 한 축은 긴급한 일과 긴급하지 않은 일로 나뉜다. 이 2개의 축으로 다음 그림과 같이 4개의 영역이 나오게 된다.

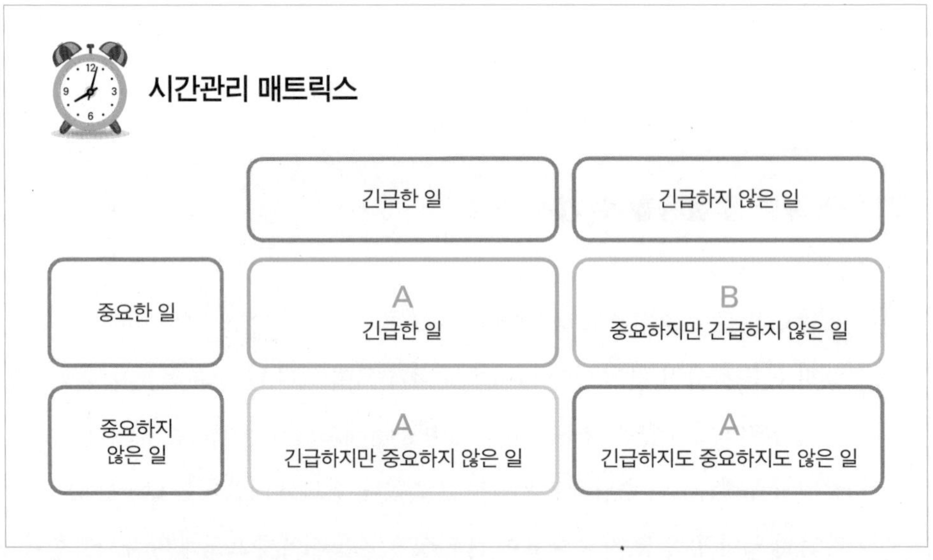

출처: 스페럴리스트의 자기계발 스토리, http://speralist.blog.me

① 1사분면은 긴급하면서 중요한 일이다.

현재 1사분면에 속하는 시간이 많다면 항상 1순위로 이 일들을 해야 한다. 이런 일들이 계속해서 주어진다면 많은 시간과 에너지가 투입되어야 하므로 다른 일을 하기 어렵다. 평소에 급하지는 않지만 중요한 일을 미리미리 처리하는 습관을 기르는 것이 필요하다.

② 2사분면은 긴급하지 않지만 중요한 일이다.

앞으로 발생할 일들을 미리 계획하고 준비하는 데 많은 시간과 에너지를 투입하기 때문에 추후 활용할 시간 여유를 많이 가지게 된다. 미래에 대해 준비하거나 젊었을 때 건강관리를 하는 등의 일은 이 영역에 속하는 일로 당장 급해 보이지 않지만 중요한 일이므로 꾸준히 안배해야 한다.

③ 3사분면은 긴급하지도 않고 중요하지도 않은 일이다.

한마디로 해도 되고 안 해도 되는 일들로 시간을 허비하는 것이라 할 수 있다. 현재 자신이 이 영역에 속하는 일을 많이 하고 있다면 명확한 목표를 정하고 최대한 낭비하는 시간을 줄여서 1, 2사분면의 일들을 처리하는 것이 필요하다.

④ 4사분면은 긴급하지만 중요하지 않은 일이다.

이 영역에 많은 시간을 보내는 사람은 늘 바쁘고 시간에 쫓기며 일하지만 실속을 찾을 수 없다. 울려대는 전화나 메시지에 일일이 답한다거나 모든 경조사에 참석하는 것과 같은 일들은 최대한 줄이고, 자신이 하지 않아도 되는 일들은 다른 사람에게 위임하며 자신의 시간을 확보하여 중요한 일에 투자해야 한다.

3. 성공하는 사람들의 일곱 가지 습관

스티븐 코비(2003)는 그의 저서 『성공하는 사람들의 7가지 습관(The 7 Habits of Highly Effective People)』에서 개인이나 조직을 어떻게 성공적으로 만들 수 있는지 관련한 행동들을 목록화했다. 아래의 일곱 가지 항목에서 현재 나는 어느 정도 실행하고 있으며, 성공적인 진로 목표 달성을 위해 어느 항목을 좀 더 개발해야 하는지 생각해볼 필요가 있다.

① 자신의 삶을 주도하라

인생의 코스를 스스로 선택하라. 성공하는 사람들은 자신이 할 수 없는 일에 집착하거나 외부의 힘에 반응하는 대신, 할 수 있는 일에 집중하며 자신의 선택과 결과에 책임을 진다.

② 끝을 생각하며 시작하라

자신이 어디로 향하고 있는지 알기 위해서는 전반적인 인생 목표를 포함해 최종 목표를 정해야 한다.

③ 소중한 것을 먼저 하라

긴급함이 아니라 중요성을 기반으로 일의 우선순위를 정하고, 목표성취를 돕는 계획을 세워라.

④ Win－Win을 생각하라

상호 도움이 되는 해결책을 추구하라. 이는 모든 대인관계에서 서로의 이익을 추구하는 사고방식으로 모든 사람에게 돌아갈 만큼 모든 것이 넉넉하다고 믿으며, 제3의 대안이 있다고 믿는 데서 출발한다. 다시 말하면, 당신이 하는 방식이나 내가 하는 방식이 아닌 더 나은 방식, 즉 더 높은 차원의 방식이 반드시 있다고 믿는 데서 출발한다.

⑤ 먼저 이해하고 다음에 이해시켜라

상호 존중하는 환경을 조성하고 문제를 효과적으로 해결하기 위해서는 타인의 말을 경청하고 열린 자세를 가져야 한다. 이로써 상대도 같은 태도를 보이도록 유도할 수 있다.

⑥ 시너지를 내라

혼자서 달성할 수 없는 목표를 이루기 위해 팀을 활용하라. 팀원들의 최대 성과를 이끌어내기 위해 유의미한 공헌과 최종목표를 장려하라.

⑦ 끊임없이 쇄신하라

장기적으로 성공하기 위해서는 기도나 명상, 운동과 봉사활동, 고무적인 독서를 통해 몸과 마음, 영혼을 건강하게 유지하고 쇄신해야 한다.

4. 활동 프로그램

1) 개요

항목	내용
주제 및 제목	• 시간 관리 매트릭스 • 나의 진로 목표와 실행계획
목표	• 효과적인 진로 실행 전략들을 탐색하고 나에게 맞는 전략을 찾는다. • 진로 목표에 따른 구체적인 실행계획을 자기주도적으로 세울 수 있다.
전체 소요 시간	• 총 60~120분
준비물	• 필기구, 활동지
유의사항	• 효과적인 시간 관리를 통해 대학 생활에서 성취해야 할 목표에 대해 잊지 말아야 한다. • 진로 목표에 따른 실행계획은 남의 의견보다 자기 생각을 통해 작성한다.

2) 진행 방법

진행 단계	활동 내용	유의사항	시간	자료
도입	**시간 관리 매트릭스** ① 활동지에서 제시된 영역의 내용에 맞춰 현재의 나를 기준으로 해당 내용을 작성해본다. ② 정리된 내용을 전체적으로 살펴본 후 시간 관리에 대한 나의 느낌이 어떠한지 생각해본다. ③ 우선순위를 고려한 효과적인 시간 관리 전략을 사용하고 있는지 스스로 점검해본다.	효과적인 시간 관리를 통해 대학 생활에서 성취해야 할 목표에 대해 잊지 말아야 한다.	15~30분	
전개	**나의 진로 목표와 실행계획** ① 제시된 활동지에 활동에 참여한 날짜를 기록한다. ② 자신이 바라는 미래의 모습을 떠올려보고 이에 각각 성취할 수 있는 자기계발 목표를 적어본다. ③ 자기계발 목표에 따라 자신에게 맞는 실행 계획을 구체적으로 적어본다. ④ 작성된 내용은 학기 마무리 단계에서 이루어질 '나의 대학 생활과 미래'에 대한 발표 내용을 포함할 수 있도록 한다.	진로 목표에 따른 실행계획 작성 시 다른 구성원과 이야기하지 않으며, 실행계획은 남의 의견보다 자기 생각을 통해 작성해야 한다.	35~50분	활동지, 필기 도구
마무리	① 나의 시간 관리에서 효과적인 측면과 부족한 부분이 있는지 확인해본다. ② 현재의 실행계획이나 전략에 보완할 점은 무엇인지 생각해본다.		5~10분	

3) 활동지

(1) 나의 시간 관리 매트릭스

현재 나의 시간 관리 매트릭스를 구성해보자.

	긴급한 일	간급하지 않은 일
중요한 일	A 긴급하면서 중요한 일	B 중요하지만 간급하지 않은 일
중요하지 않은 일	C 긴급하지만 중요하지 않은 일	D 긴급하지도 중요하지도 않은 일

(2) 나의 진로 목표와 실행계획

자신이 바라는 미래의 모습과 성취할 수 있는 자기계발 목표와 실행계획을 구체적으로 적어보시오.

현재 날짜 20 년 월 일

구분	내가 바라는 모습	자기계발 목표	실행계획
( )세			
( )세			
( )세			
현재 나의 모습			

5. 후기

1) 자신의 시간 관리 방법의 효과성은 어떠한지 점검해보고 보완해야 점이 있다면 적어보자.

2) 자신이 바라는 미래의 모습을 실현하기 위해 현재 자신이 가장 자신 있게 실행할 수 있는 전략은 무엇인지 써보자.

3) 활동 프로그램 체험 후 느낀 점을 간단히 써보자.

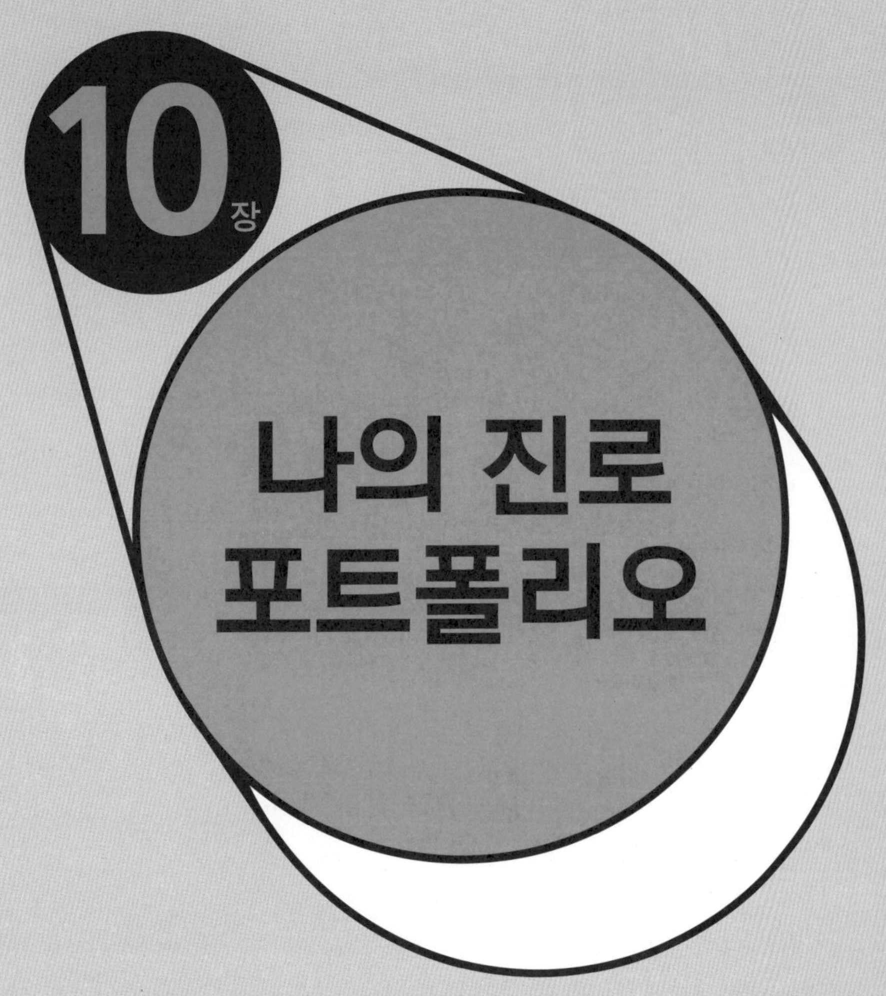

10장 나의 진로 포트폴리오

학습목표

자신의 진로 목표에 따른 가상의 진로 포트폴리오를 구성한다.

자신의 길을 가는 사람은 모두 영웅입니다.

\- 헤르만 헤세

1. 학년별 주요 과제

1) 1학년: 목표 수립과 자기탐색

(1) 내 인생의 의미와 비전 수립: 꿈, 비전, 목표, 가치관, 삶의 철학 등

(2) 대학 생활 적응 및 진로 탐색: 학점, 동아리, 봉사, 학교 혜택, 교육과정, 자격증, 진로탐색 및 상담, 대외활동 등

(3) 자아탐색 및 긍정적 자아 수립: 각종 성격/적성/흥미 검사, 독서, 멘토 설정, 자존감, 자신감 회복 등

2) 2학년: 기초능력 및 경험 갖추기

(1) 전공지식 학습: 전공, 복수전공, 부전공 학습, 편입, 실험, 연구, 공모전 준비 활동 등

(2) 진로 설계 및 목표 직업 선택: 취업사이트, 직업정보탐색, 각종 성격/적성/흥미 검사 실행, 뉴스 스크랩 등

(3) 기초능력 학습 및 외국어 능력향상: 목표 직업에서 요구하는 자격/능력 준비, 어학, 영어집중학습, 제2외국어 등

(4) 대외활동: 군대, 병역특례, 직업군인, 해외연수, 봉사활동, 총학생회, 여행, 전국 일부 등 사회 경험 쌓기

3) 3학년: 실무능력 및 취업스펙 갖추기

(1) 전공 심화 및 자격증 확보하기: 전공 분야 심화학습, 전공/지원 분야 자격증, 기초자격증(컴활, MOS, 정보처리 등) 확보

(2) 목표에 따른 어학 능력 점수 확보: 토익, 스피킹, 오픽, 영어, 제2외국어 등 외국어 능력 갖추기

(3) 실무능력: 문서작성 능력, 정보수집활용 능력, 기획력, 커뮤니케이션 능력, PT 스킬, 문제해결 능력 등

(4) 기타: 취업/창직/창업 스터디, 인맥 구축, 온라인 활동 등

4) 4학년: 취업전략 및 실전 응시

(1) 취업 준비: 입사지원서, 자기소개서, 면접, 명함, 취업 포트폴리오, 취업전략 수립 등

(2) 취업정보 및 기업정보 수집: 목표기업분석, 모집정보, 일정, 자격, 인재상, 신제품, 신사업, 기업 포트폴리오 등

(3) 취업 실전: 취업사이트, 이력서 등록, 취업센터, 지인, 선배, 교수님 등 인맥 활용, 취업캠프, 가상면접, 토익, 자격증 확인, 실전 입사 지원 등

2. 진로 포트폴리오

포트폴리오는 "한 개인의 능력과 자질을 증명할 수 있는 성취물과 자료들을 논리적으로 구성하여 자신을 홍보할 수 있는 도구"다. 학생들은 입학에서 졸업에 이르기까지의 재학 기간 동안 포트폴리오를 꾸준히 관리함으로써 진로 목표를 설정하고, 목표 달성을 위한 자기관리를 할 수 있다. 즉 자신이 하고자 하는 분야에서 필요한 역량이 무엇인지를 찾고, 자신의 역량개발을 위한 스펙 관리를 할 수 있다.

1) 진로 포트폴리오의 효과

- 목표설정 및 계획수립
- 동기 유발
- 목표 달성을 위한 자기관리
- 자기반성
- 자존감 고취
- 타인 이해 증진

2) 진로 포트폴리오의 구성

① 학업을 통해 얻은 기술

- 성적표 사본
- 자격증/어학능력 성적표
- 각종 상장

- 프로젝트 자료/발표 자료/전시작품 사진
- 독서목록, 구독 학회지 목록, 신문 · 잡지 등
- 전공 관련 능력 증빙 자료

② 팀워크 기술

- 팀 프로젝트 수행 시 의사소통 능력 · 협동심 · 리더십 등을 나타내는 자료

③ 자기관리 기술

- 계획수립 및 수행실적, 목표관리 관련 자료
- 건강관리
- 개근상

④ 직무 관련 경력

- 아르바이트에서 얻은 현장 경험 증명서
- 인턴십에서 습득한 직무 기술
- 산학협동 교육수료증
- 창직/창업 관련 동아리 활동

⑤ 교외 활동

- 봉사(교외, 교내) 활동 내역서
- 교환학생 활동 내역서
- 해외연수 활동 내역서
- 여행, 취미, 수집 활동

⑥ 취업역량 개발 계획

- 단기/장기 목표설정 및 목표 달성을 위한 구체적 계획
- 목표설정에 대한 자신의 신념
- 자신의 강점 및 개선점 분석

진로 포트폴리오 기록 내용

각종 활동 중심 관련 기록	교과 과정 이수 관련 기록	관련 증거 자료
• 이력서, 자기소개서 • 연수 경력 (어학연수, 산업체 연수) • 산업체 견학 • 교환학생 경험 • 각종 자격증 • 외국어 성적(토플, 토익, 텝스, JPT, HSK 등) • 동아리 활동 기록 • 봉사활동 기록 • 수상 경력, 장학금 수혜 경력 • 학회 등 학술행사 참여 활동 • 각종 에세이	• 이수과목 기록 • 학습성과 관리 • 교과영역 관리 • 교수와의 상담 기록	• 각종 활동(수상 경력 등) • 성적증명서 • 자격증 사본, 외국어 성적 등 • 학습 결과물 관리: 에세이, 실험보고서, 설계자료, 각종보고서 등
	기타 참가자가 추가하고 싶은 내용	

가상의 진로 포트폴리오 구성 작업을 통해 진로 목표 달성을 위한 다양한 활동을 경험해볼 수 있도록 하고, 자기관리가 체계적으로 이루어지도록 하여 자신의 꿈과 진로 설계에 한 걸음 더 쉽게 다가갈 수 있을 것이다.

3. 활동 프로그램

1) 개요

항목	내용
주제 및 제목	• 가상의 진로 포트폴리오 구성하기
목표	• 가상의 진로 포트폴리오를 작성함으로써 자신의 가치관과 꿈을 담은 진로 목표를 달성하기 위한 지속적인 자기관리를 할 수 있다.
전체 소요 시간	• 총 60~120분
준비물	• 필기구, 활동지
유의사항	• 포트폴리오 구성 전 자신의 가치관과 꿈을 먼저 떠올리고 포트폴리오 구성 내용이 반드시 이와 연관성을 지니도록 한다. • 모든 참여 구성원들이 활동에 진지하게 임할 수 있도록 한다.

2) 진행 방법

진행 단계	활동 내용	유의사항	시간	자료
도입	**자신의 꿈과 가치관 점검** 1주차부터 활동 프로그램을 통해 작성한 활동지 내용을 전체적으로 살펴보고 자신의 강점, 가치관, 역할모델, 꿈, 비전 등을 종합적으로 점검해본다.	진로 포트폴리오 구성 전 자신의 가치관과 꿈을 먼저 떠올리고 포트폴리오 구성 내용이 반드시 이와 연관성을 지니도록 한다.	15~30분	

진행 단계	활동 내용	유의사항	시간	자료
전개	**가상의 진로 포트폴리오 작성** ① 본문에 제시된 학년별 과제 내용을 살펴보고 자신의 진로 목표 및 설계에 맞는 내용을 찾아본다. ② 활동지의 포트폴리오에 자신의 이름을 쓰고 진로 목표 및 갖고자 하는 직업을 얻기 위한 내용을 본문의 구성 내용을 참고하여 작성해본다. ③ 앞서 제시한 진로정보 인터넷 사이트 등을 활용하는 등 다양한 경로를 통한 정보 탐색을 통해 작성할 수 있다. ④ 구성된 자신의 진로 포트폴리오에 대해 잘된 점과 보완이 필요한 사항 등 스스로 진단해본다. ⑤ 작성된 내용은 학기 마무리 단계에서 이루어질 '나의 대학 생활과 미래'에 대한 발표 내용을 포함할 수 있도록 한다.	① 가상의 진로 포트폴리오 구성 전 본문에 제시된 학년별 과제 및 진로 포트폴리오 구성 기술 및 내용을 충분히 살펴본다. ② 앞서 탐색한 진로 목표 및 직업을 달성하기 위해 구체적으로 작성되는 것임을 잊지 말아야 한다.	35~ 70분	활동지, 필기 도구
마무리	가상의 진로 포트폴리오 구성 후 자신의 진로 목표 및 갖고자 하는 직업 분야에서 나에게 필요한 역량이 무엇인지 찾고 이를 개발하기 위한 적극적 자기관리 작업임을 다시 확인하는 시간을 갖는다.		5~ 10분	

3) 활동지

• 나의 진로 포트폴리오

앞서 제시한 진로 포트폴리오 기록 내용을 참고하여 나의 진로 목표 및 직업 분야에 맞는 대학 생활 전체에 대한 가상의 진로 포트폴리오를 구성해보시오.

진로 포트폴리오 작성 완료 후 잘된 점과 보완이 필요한 점 등을 스스로 진단해본다.

○○○의 포트폴리오

사진	성명	(한글)
		(한문)
		(영문)
	생년월일	20 년 월 일 생
	주소	

연락처		e-mail	@

	월	일	학력사항
			고등학교 졸
			우송대학교 ( )학과 입학
			우송대학교 ( )학과 졸업
			군 관계

학년	년	월	수상(대학, 경진대회, 공모전 등), 장학금 수혜 등

학년	년	월	외국어 성적

학년	일정	기간	경력사항(봉사, 동아리, 연수, 인턴십, 학회 참여 등 다양한 활동 기재)

학년	년	월	자격증 취득 현황

* 칸이 부족하면 추가하세요.

4. 후기

1) 가상의 진로 포트폴리오 작성 시 어려운 점이 있다면 무엇인가?

2) 가상의 진로 포트폴리오가 실현되기 위해 현재 자신이 노력하고 실행할 수 있는 일은 무엇인지 써보자.

3) 활동 프로그램 체험 후 느낀 점을 간단히 써보자.

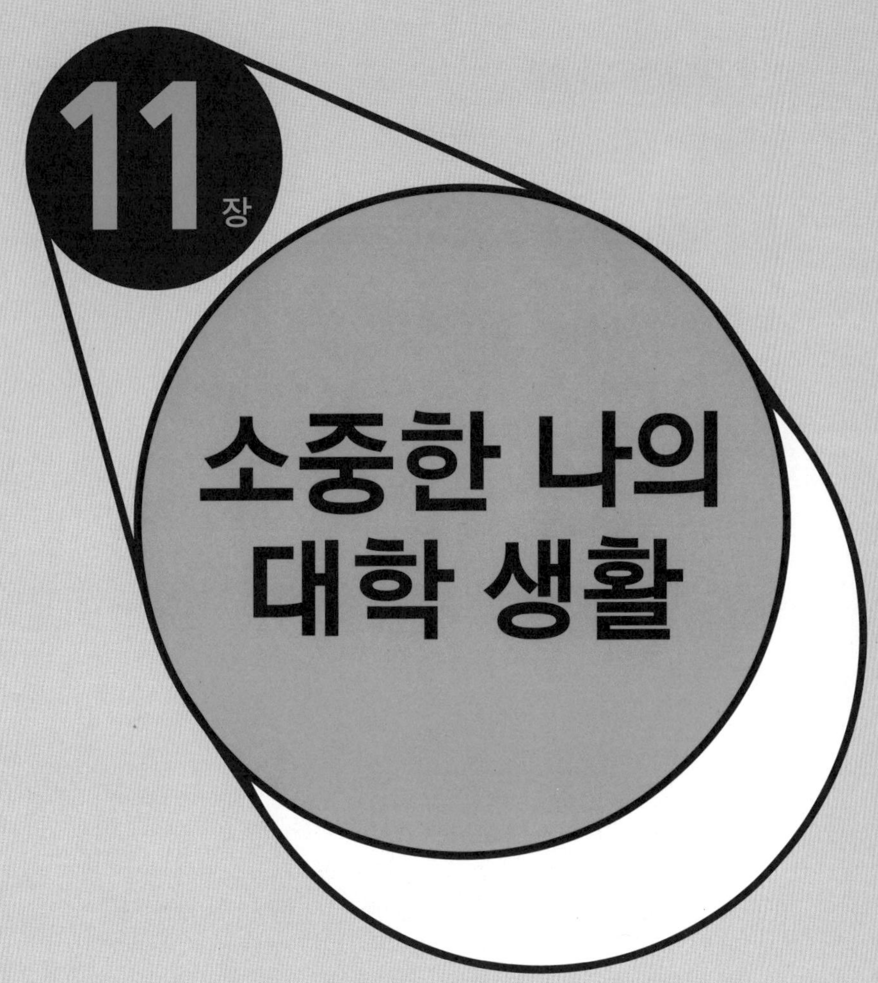

11장 소중한 나의 대학 생활

학습목표

한 학기를 마무리하며 대학 생활에서 나의 의미를 찾고, 의미 있는 대학 생활을 위한 열정을 지속한다.

행복한 삶이란

김수환 추기경

당신이 태어났을 땐
당신만 울고
당신 주위의 모든 사람은 미소를
지었습니다.
당신이 이 세상을 떠날 때에는
당신 혼자 미소 짓고
당신 주위의 모든 사람이 울도록
그런 인생을 사십시오.

1. 나는 의미 있는 삶을 살고 있는가?

어린아이들에게 꿈을 갖게 하기 위한 가장 좋은 방법은 꿈이 무엇인가를 자주 물어보는 것이라고 한다. 인간은 생각하는 존재이고, 생각을 통해 자신의 꿈을 찾는다. 또한 이러한 꿈을 실현하기 위해 노력하는 것에 대해서도 생각해본다. 대학생이 된 지금의 내 삶에서도 의미 있는 삶을 살기 위한 인생의 꿈과 목표를 구체적으로 생각해볼 필요가 있다.

우리는 대학에 입학해서 삶의 의미와 개인 정체감을 찾는 시간을 가져왔다. 앞선 교육 시간 동안 끊임없이 '나는 누구인가?', '나의 삶의 목적과 의미는 무엇인가?', '과거의 나와 현재의 나는 어떻게 다른가?', '나는 어떻게 살아갈 것인가?' 등등 다양한 질문을 자신에게 해왔다.

우리가 이 귀중한 시간에 인성교육을 하는 이유는 이러한 질문에 '답을 찾고자 하는 것'이 아니라 '답을 어느 정도 찾을 수 있었는지 생각해볼 기회'를 제공하고자 함이다.

존스홉킨스 대학교에서 사회과학자들이 48개 대학 7,948명의 학생을 대상으로 통계조사를 한 적이 있다. 이 예비 보고서는 국립정신건강연구소의 지원을 받아 2년 동안 진행된 연구 프로젝트의 하나로 작성된 것이다. 설문에서 자신에게 '가장 중요한 것'이 무엇이냐는 질문에 16%의 학생이 '돈을 많이 버는 것'이라고 대답한 반면, 78%의 학생은 첫 번째 목표가 '자기 삶의 목표와 의미를 찾는 것'이라고 대답했다. 그렇다면 인간은 어떤 방법을 통해 의미를 '찾을' 수 있을까? 샬롯 뷜러가 말했듯이 우리가 할 수 있는 일이란 '인간의 삶이 궁극적으로 무엇인가?'라는 질문에 대한 해답을 찾은 사람들의 삶을 그렇지 못한 사람들의 삶과 비교하며 공부하는 것뿐이다. 영화는 수천 개의 장면으로 이루어져 있고 각각의 장면에 다 뜻이 있고 의미가 있지만, 영화의 전체적인 의미는 마지막 장면이 나오기 전까지는 드러나지 않는다. 하지만 영화를 구성하는 각각의 부분, 개별적인 장면들을 보지 않고서는 영화 전체를 이해할 수 없다. 삶도 이와 마찬가지가 아닐까? 삶의 최종적인 의미 역시 임종의 순간에 드러나는 것은 아닐까? 그리고 이 최종적인 의미는 각각의 개별적인 상황이 갖고 있는 잠재적인 의미가 각 개인의 지식과 믿음에 최선의 상태로 실현되었는가, 아닌가에 따라 결정되는 것이 아닐까?(이시형 역, 2005).

이러한 의미 있는 나의 삶을 되새기기 위해 다음과 같은 질문에 답을 생각해보자.

내가 죽은 후 사람들은 나의 장례식장에서 나에 대한 말들을 하기 시작할 것이다.
생을 마감하면서 나는 어떤 모습으로 세상에 기억되기를 원하는가?

내가 죽은 후에 사람들이 나에 대해 말해주었으면 하는 말

내 묘비명에 기록되기 원하는 내용

활동 프로그램이 진행되는 동안 여러분 각자의 임종 장면과 장례식장에서 자신은 어떤 의미를 지니고 있었는지 생각해보고 이러한 내용에 대해 다른 친구들과 비교해보는 작업은 현재의 삶을 어떻게 살아가야 하는지에 대한 많은 의미를 제공해주리라 본다.

2. 나는 열정적으로 살고 있는가?

사람마다 행복의 기준은 다르다. 이렇게 행복의 기준이 다르듯이 행복한 삶을 향한 의미 있는 꿈과 목표도 저마다 다를 수 있다. 따라서 성공한 다른 사람들의 꿈과 목표가 무엇인지를 아는 것이 중요한 게 아니라 행복할 이유를 찾는 내가 나의 꿈과 목표가 무엇인지를 먼저 깨닫고 꿈과 목표를 달성하기 위해 어떠한 노력을 해왔는지 아는 것이 무엇보다 중요하다고 하겠다.

나의 목표를 달성하기 위해 나는 어떤 사람이 되어야 하는가? 아무리 훌륭한 목표를 설정했다 하더라도 그것을 실천하고자 하는 동기와 열정이 없다면 목표는 실현되기 어렵다. 비전을 담은 목표가 실현되기 위해서는 이를 강하게 원하는 열망과 노력이 필수다.

> 위대함과 평범함의 차이는 자기 자신을 매일매일 재창조할 수 있는 상상력과 열망을 갖고 있느냐 없느냐 하는 것이다.
>
> - 톰 피터스

에머슨은 "모든 위대한 성취, 업적은 열정의 산물이다"라는 말을 했다. 즉, 열정 없이 이룩된 위대한 일은 아무것도 없다는 뜻이다. 멋진 자동차로 여행길을 떠나며 좋은 지도와 준비를 했다 하더라도 자동차에 필요한 연료와 여행자의 에너지, 그리고 여행하는 사람의 기대와 흥분이 없다면 그 여행은 꿈속의 여행으로 남게 된다. 즉 잘 설정된 목표가 출발점이라고 하면, 동기와 열정은 실행의 원동력과 에너지라고 할 수 있다 (김광수 외, 2003).

열정은 크게 '열망'과 '확신'이라는 두 영역으로 이루어진다. 실질적으로 열정을 갖춘 것은 대부분 성공을 확신시켜준다.

일상생활에서 낙관과 기대를 가지고 자신감과 성취에 열망을 가진 사람은 자신뿐만 아니라 주변 사람에게도 흥미, 생기, 열정 등의 긍정적 정서를 유발한다. 특히 불안과 두려움이 유발되는 모호한 상황에서 적극성을 가진 사람의 진취적 행동, 용기와 열정 등은 구성원들에게 모델이 될 뿐 아니라(Pescosolido, 2002), 열정적 감정과 행동이 전달되어 이를 모방하게 함으로써 흥미와 열정을 지닌 집단으로 발전하게 된다. 따라서 열정을 가진 집단은 각 구성원의 목표 달성뿐 아니라 집단의 비전에 더욱 고무되도록 자극하고 높은 일체감을 형성하게 한다.

3. 활동 프로그램

1) 개요

항목	내용
주제 및 제목	• 나에 대한 의미 찾기 - '나'를 대표하는 키워드 - '나'에 대한 인디언식 이름 짓기 • 내 삶의 가장 의미 있는 일 - 7일간의 선택 • 내 삶을 더욱 의미 있게 하는 사람들 • 나의 대학 생활 중 최고의 열정적인 순간
목표	• 한 학기를 마무리하며 대학 생활에서 나에 대한 의미를 찾아 정리해보는 시간을 갖는다. • 열정을 통해 참가자를 서로 격려하고, 각자의 열정에 대해 통찰할 기회를 만든다. • 의미 있는 체험 활동을 통해 대학 생활을 위한 열정을 지속하도록 한다.
전체 소요 시간	• 총 60~120분
준비물	• 필기구, 활동지

항목	내용
유의사항	• 모든 참여 구성원들이 활동에 진지하게 임할 수 있도록 한다. • 자신의 가치관과 꿈을 실현할 수 있는 생각과 연관성을 지니도록 한다. • 조원들과 의논이 아닌 자신만의 생각을 찾을 수 있도록 한다.

2) 진행 방법

진행 단계	활동 내용	유의사항	시간	자료
도입	**나에 대한 의미 찾기 I: '나'를 대표하는 키워드** ① 10명 이내의 소그룹으로 팀을 구성하고 활동지 ______에는 자신의 이름을 기술한다. ② 소집단 구성원 친구들에게 롤링 페이퍼 형식으로 자신을 대표할 만한 키워드 2~3개를 받도록 한다. ③ 페이퍼가 나에게 돌아오면 그 내용을 살펴보고 나에 대한 특성을 잘 반영한 키워드는 ○, 자신에 대한 느낌이 보통이거나 잘 모르겠다는 키워드는 △, 자신의 특성을 잘 반영하지 못한 키워드는 × 표기를 해본다. ④ 자신을 대표할 수 있는 느낌을 주는 키워드와 그렇지 못한 느낌의 키워드를 집단 구성원들과 나눠본다. **나에 대한 의미 찾기 II: '나'에 대한 인디언식 이름 짓기** ① 네모 안의 위쪽 좌부터 우로 '존경하는 인물', '희망하는 직업'을 작성하고 아래쪽 좌부터 우로 '가장 소중한 것 혹은 덕목(가치)'과 '나에 대한 의미 찾기 1: '나'를 대표하는 키워드'에서 '내가 뽑은 대표 키워드'를 차례로 작성해본다. 평소 자신에 대한 생각, 위의 나를 대표하는 키워드 활동과 더불어 그간 수업 시간에 이루어졌던	자신의 가치관과 꿈을 실현할 수 있는 생각과 연관성을 지니도록 한다.	15~30분	

진행 단계	활동 내용	유의사항	시간	자료
도입	활동들을 떠올려보고 아래 네모 칸 안의 내용을 모두 채워본다. ② ①의 내용을 참고로 하여 밑줄 친 곳에 나에 대한 인디언식 이름 짓기를 해본다. ③ 네모 안의 모든 내용과 인디언식 이름을 완성한 후 다른 구성원들과 내용을 나누어본다.			
전개	**내 삶의 가장 의미 있는 일: 7일간의 선택** ① 활동지 각각의 지시사항에 따라 활동지에 그 내용을 작성해본다. ② 작성한 내용을 토대로 집단 구성원들과 작성된 내용을 나눠본다. **내 삶을 더욱 의미 있게 하는 사람들** ① 활동지에 제시된 대학 생활 동안 나에게 의미 있는 사람들 각각의 항목에 따라 떠오르는 사람들을 기술해본다. ② 열째의 ___에는 각자 대학 생활 동안 의미 있는 내용을 직접 기입하고 떠오르는 사람들을 기술한다. **나의 대학 생활 중 최고의 열정적인 순간** ① 눈을 감고 한 학기 대학 생활 중 최고의 열정적인 순간을 떠올려본다. ② 활동지에 열정적인 순간의 내용, 강하게 느꼈던 감정 세 가지, 자신에게 새롭게 발견된 점, 그리고 변화된 점을 모두 작성해본다. ③ 다른 구성원들과 대학 생활의 열정적인 순간을 들으면서 내 열정적인 순간과 비교한 내용을 나눠본다.	① 모든 참여 구성원들이 활동에 진지하게 임할 수 있도록 한다. ② 자신의 열정적인 순간에 대한 이야기를 발표하면서 다른 사람의 열정적인 순간에 대해 경청한다. 그리고 내 열정과 다른 사람의 열정을 비교함으로써 내 열정에서 방해 요소가 무엇인지, 그 열정이 현재도 유지되고 있는지를 점검하여 평가해본다. ③ 조원들과 의논이 아닌 자신만의 생각을 찾을 수 있도록 한다.	35~ 70분	활동지, 필기 도구
마무리	**종합토론** ① 열정적인 순간을 발표한 참여자들 간 서로 격려하는 시간을 갖는다. ② 자신과 다른 친구들의 열정적인 순간을 비교해본다.		5~ 10분	

3) 활동지

(1) 나에 대한 의미 찾기 1: '나'를 대표하는 키워드

① 10명 이내의 소그룹으로 팀을 구성하고 ____________에는 자신의 이름을 기술합니다.

② 소집단 구성원 친구들에게 롤링 페이퍼 형식으로 자신을 대표할 만한 키워드 2~3개를 받도록 합니다.

③ 페이퍼가 나에게 돌아오면 그 내용을 살펴보고 나에 대한 특성을 잘 반영한 키워드는 ○, 자신에 대한 느낌이 보통이거나 잘 모르겠다는 키워드는 △, 자신의 특성을 잘 반영하지 못한 키워드는 × 표기를 해보시오.

④ 자신을 대표할 수 있는 느낌을 주는 키워드와 그렇지 못한 느낌의 키워드를 집단 구성원들과 나눠봅니다.

____________하면 떠오르는 키워드

(2) 나에 대한 의미 찾기 2: 나에 대한 인디언식 이름 짓기

① 네모 안의 위쪽 좌부터 우로 '존경하는 인물', '희망하는 직업'을 작성하고 아래쪽 좌부터 우로 '가장 소중한 것 혹은 덕목(가치)'과 '나에 대한 의미 찾기 1: '나'를 대표하는 키워드'에서 '내가 뽑은 대표 키워드'를 차례로 작성해봅니다. 평소 자신에 대한 생각, 위의 나를 대표하는 키워드 활동과 더불어 그간 수업 시간에 이루어졌던 활동들을 떠올려보고 아래 네모칸 안의 내용을 모두 채워봅니다.

② ①의 내용을 참고로 하여 밑줄 친 곳에 나에 대한 인디언식 이름 짓기를 해봅니다.

③ 네모 안의 모든 내용과 인디언식 이름을 완성한 후 다른 구성원들과 내용을 나누어봅니다.

※ '인디언식 이름'은 인디언은 예부터 개개인의 두드러지는 장점과 단점을 고려하여 특징을 잘 나타내는 이름을 지었다고 하는 데서 유래되었다고 합니다.

존경하는 인물

희망하는 직업

인디언식 이름 짓기

____

____

가장 소중한 것 혹은 소중한 덕목(가치)

내가 뽑은 대표 키워드

(3) '내 삶의 가장 의미 있는 일'

아래 각각의 지시사항에 따라 활동지에 그 내용을 작성해본 후 집단 구성원들과 작성된 내용을 나눠봅니다.

〈7일간의 선택〉

내가 일주일 후에 죽는다면? 현재의 나는 누구랑 언제 어디서 무엇을 할 것인가?

1일	2일	3일	4일	5일	6일	7일
Who?	Who?	Who?	Who?	Who?	Who?	Who?
When?	When?	When?	When?	When?	When?	When?
Where?	Where?	Where?	Where?	Where?	Where?	Where?
What?	What?	What?	What?	What?	What?	What?

(4) '내 삶을 더욱 의미 있게 하는 사람들'

다음은 대학 생활 동안 나에게 의미 있는 사람들에 대한 항목을 기술한 것이다. 각각의 항목에 따라 떠오르는 사람들을 기술해보고, 열째의 ___에는 각자 대학 생활 동안 의미 있는 내용을 직접 기입하고 떠오르는 사람들을 기술한다.

첫째, 대학 생활 동안 내가 감사해야 할 사람들

둘째, 대학 생활 동안 나에게 용기를 준 사람들

셋째, 대학 생활 동안 나를 사랑해준 사람들

넷째, 대학 생활 동안 나에게 도움을 준 사람들

다섯째, 대학 생활 동안 나를 인정해준 사람들

여섯째, 대학 생활 동안 나를 아껴준 친구들

일곱째, 대학 생활 동안 나의 진로를 위해 애써준 사람들

여덟째, 대학 생활 동안 나를 즐겁게(기쁘게) 해준 사람들

아홉째, 대학 생활 동안 나의 생활에 편의를 제공해준 사람들

열째, 대학 생활 동안 ______________________________ 사람들

(5) '나의 대학 생활 중 최고의 열정적인 순간'

눈을 감고 대학 생활 중 최고의 열정적인 순간을 떠올려본다. 아래의 활동지에 열정적인 순간의 내용, 강하게 느꼈던 감정 세 가지, 자신에게 새롭게 발견된 점, 그리고 변화된 점을 모두 작성해본다.

다른 구성원들과 대학 생활의 열정적인 순간을 들으면서 내 열정적인 순간과 비교한 내용을 나눠본다.

- 대학 생활 동안 경험한 최고의 열정적인 순간은?

- 최고의 열정적인 순간에 강하게 느꼈던 감정 세 가지는?

- 최고의 열정적인 순간을 통해 자신에게 새롭게 발견된 점은?

• 최고의 열정적인 순간으로 인해 자기 생각이나 삶의 방향이 변화된 것은?

4. 후기

1) 오늘의 활동을 마친 후 베스트 멤버를 뽑는다면 누구이며, 그 멤버를 뽑은 이유는 무엇인가?

2) 앞으로 대학 생활을 의미 있고 열정적으로 보내기 위해 내가 노력해야 하는 부분이 있다면 적어보자.

3) 한 학기를 마무리하며 자신이 변화된 점이 있다면 무엇인지 기술해보자.

12장

'나의 대학 생활과 미래' 발표와 소감 나누기

1. 발표자료 준비

한 학기 동안 이루어진 수업 내용을 점검해보고 '나의 대학 생활과 미래'를 구상하여 발표해보자.

2. 발표와 소감 나누기

친구들의 발표를 듣고 나의 발표에 있어 잘한 점, 보완점이나 수정사항 등 느낀 점을 써보자.

참고문헌

김광수 · 신명숙 · 이숙영 · 임은미 · 한동숭(2003). 『대학생과 리더십』. 서울: 학지사.

레이먼드 조, 호아킴 데 포사다(2011). 『바보 빅터』. 서울: 한국경제신문사.

류시화(2009). 『삶이 나에게 가르쳐준 것들』. 경기: 푸른숲.

설기문(2006). 『인간관계와 정신건강』. 서울: 학지사.

스티븐 코비(2003). 『성공한 사람들의 7가지 습관』. 경기: 김영사.

유홍준(2011). 『나의 문화유산답사기』. 경기: 창비.

이시형 역(2005). 『빅터 프랭클의 죽음의 수용소에서』. 경기: 청아출판사.

이의용(2014). 『스무 살의 나의 비전: 대학생을 위한 행복한 인생설계 가이드』. 서울: 학지사.

이정하(2002). 『내 삶을 기쁘게 하는 모든 것들』. 서울: 고려문화사.

이주희 · 박희현 · 박은민(2016). 『대학생을 위한 인성함양 I』. 경기: 공동체.

______(2016). 『대학생을 위한 인성함양 II』. 경기: 공동체.

전남대학교 카운슬링센터(2001). 『대학생활』 제49호. 전남: 전남대학교 출판부.

정현종(2008). 『광휘의 속삭임』. 서울: 문학과지성사.

홍경자(2007). 『자기주장의 심리학』. 서울: 이너북스.

Buckingham, M., Clifton, D. O. (2002). *Now, Discover Your Strengths*. New York: Gallup.

Govindji, R., & Linley, P. A. (2007). Strengths use, self-concordance and well-being: Implications for strengths coaching and coaching psychologists. *International Coaching Psychology Review*, 2(2), 143-153.

Linley, P. A., & Harrington, S. (2006). Strengths coaching: A potential-guided approach to coaching psychology. *International Coaching Psychology Review*, 1(1), 37-46.

Mutrie, N., & Faulkner, G. (2004). Physical Activity: Positive Psychology in Motion. *Positive Psychology in Practice* (pp. 146-164). New Jersey: John Wiley & Sons, Inc.

Pescosolido, A. T. (2002). Emergent leader as manager of group emotion. *Leadership Quarterly*, 13, 583-599.

Peterson, C., & Seligman, M. E. P. (2004). *Character strengths and virtues; A handbook and classification*. Oxford University Press/Washington, DC: American Psychology Association.

Seligman, M. E. P. (2002). *Authenti happiness: Using the new positive psychology to realize your potential for lasting fulfillment*. New York: Free Press. 김인자 역(2006). 『긍정심리학: 진정한 행복 만들기』. 서울: 물푸레.

Seligman, M. E. P., Steen, T. A., Park, N., & Peterson, C. (2005). Positive Psychology progress: empirical validation of interventions. *American psychologist*, 60(5), 410-421.

Wood, A. M., Linley, P. A., Matlby, J., Kashdan, T. B., & Hurling, R. (2011). Using personal and psychological strengths leads to increases in well-being over time: A longitudinal study and the development of the strengths use questionnaire. *Personality and Individual Differences*, 50(1), 15-19.